PRINCIPES
Collection dirigée par Annie REITHMANN

RÉUSSIR SON 1er CYCLE DE PSYCHOLOGIE

Charlotte MAREAU
Maryline STOKI
Adeline VANEK DREYFUS

SOMMAIRE

PARTIE III

La psychologie générale expérimentale

PARTIE IV

La psychologie différentielle

PARTIE VII

PARTIE VIII

PARTIE IX

AVANT-PROPOS

Objectifs et intérêts du premier cycle

L'objectif du premier cycle de psychologie est de fournir à l'étudiant une connaissance générale en psychologie, en l'initiant aux différents domaines de la psychologie et à leurs objets d'étude. Il permet une approche des fondements de cette discipline et une familiarisation aux principaux concepts articulant la connaissance dans ses différents domaines.

L'intégration et la maîtrise de ces concepts, à l'issue du diplôme de premier cycle de psychologie, permettent d'accéder à un niveau de savoir à la fois spécifique aux objets et aux méthodes de la psychologie, et suffisamment général pour demeurer ouvert sur l'ensemble des disciplines des sciences humaines.

L'intérêt d'un tel premier cycle réside donc en grande partie en ce qu'il fournit à l'étudiant une initiation aux concepts fondamentaux de la psychologie et de plusieurs autres disciplines intéressant également ses objets. Sa spécificité se situe d'abord au sein d'une telle interdisciplinarité, l'élaboration et la mise à l'épreuve des concepts de la psychologie demeurant souvent indissociables de celles d'autres concepts issus de la philosophie, de la sociologie, de la linguistique ou de la biologie. Ce premier cycle prend également appui sur les méthodologies de la statistique.

L'étudiant entreprenant un premier cycle de psychologie accède à une initiation aux objets et méthodes en sciences humaines, organisées autour de la naissance de la psychologie comme une science, de son émergence et de son individualisation des autres sciences, et des différents domaines qui font sa richesse et sa spécificité.

Introduction aux méthodologies universitaires

Vous voilà à l'Université ! Pour les jeunes titulaires d'un baccalauréat, qui se confrontent pour la première fois à l'univers bien particulier de l'enseignement supérieur, la découverte peut être aussi déconcertante que jubilatoire.

Cet ouvrage a pour but de vous aider à vous familiariser au plus vite avec les méthodologies universitaires, plus précisément appliquées aux domaines de la psychologie, et d'offrir une approche des contenus du premier cycle de psychologie balayant l'essentiel des enseignements dispensés au sein des universités françaises.

Le premier cycle est un diplôme d'études universitaires générales, appliquées à une discipline particulière. Il se prépare en trois années (L1, L2 et L3), ou davantage en cas de redoublement. Chaque année d'étude est composée de deux semestres distincts, comportant des enseignements différents et séparés par la période d'examens de fin de semestre. Un semestre comporte généralement dix à douze semaines d'enseignements.

Une année universitaire court globalement de la mi-septembre à la mi-juin, examens inclus, avec des vacances à Noël, en hiver (février) et au printemps (Pâques). Depuis la réforme LMD, l'avancée de la rentrée universitaire (septembre au lieu d'octobre dans beaucoup d'établissements) a conduit à l'instauration fréquente d'une semaine de vacances supplémentaire, au moment de la Toussaint. A peine débarqué des programmes très chargés des lycées français, vous découvrez un emploi du temps si léger que la partie pourrait vous sembler gagnée. Mais attention, les méthodologies universitaires ne sont pas celles du lycée et vous allez devoir repenser en profondeur votre manière de travailler.

Un mot d'ordre à l'Université : l'autonomie ! Il n'y a pas de contrôle des présences (sauf exceptions), ni d'interrogations surprises pour vérifier si vous avez bien lu le livre qui vous était recommandé ! Vous existez sur une liste administrative qui vous permet d'assister à des cours et de passer des examens, rien de plus. C'est à vous de décider d'exister autrement, pour valoriser votre formation. Et vous avez très peu de temps, car rien ne passe plus vite qu'une année universitaire ! Beaucoup d'universités ont utilisé la réforme LMD pour promouvoir encore davantage l'autonomie des étudiants, en proposant par exemple un enseignement tous les quinze jours au lieu de toutes les semaines, avec des recherches et des travaux à effectuer dans l'intervalle de temps ainsi dégagé.

Les examens

Ils se tiennent actuellement en deux sessions, à l'issue de chaque semestre (entre janvier et février, puis entre mai et juin). Une session de rattrapage est organisée début septembre pour repasser les examens non réussis lors des sessions précédentes.

Néanmoins, l'arrivée de la réforme LMD a déjà beaucoup modifié cette organisation. Dans plusieurs universités, les sessions de rattrapage ne se tiennent plus en septembre, mais à la suite des premières sessions d'examens (entre une à trois semaines après l'affichage des résultats de la première session). Cela signifie que les étudiants disposent d'un temps plus limité pour réviser s'ils ont échoué et qu'ils ne peuvent plus développer des stratégies consistant à « réserver » pour septembre la passation d'une épreuve qu'ils n'ont pas eu le temps de travailler. Les mémoires de recherche, en M1 et M2, peuvent par contre toujours être rendus en septembre.

Même si l'application de la réforme LMD est spécifique à chaque université, des dispositifs sont généralement mis en en place pour pallier cette réduction du temps entre les deux sessions. Différentes solutions sont envisagées pour aménager cette réforme du système d'examen qui suscite des inquiétudes chez les étudiants : organisation de séances de révision, examens de rattrapage allégés, disponibilité des professeurs pour discuter au cas par cas des raisons de l'échec en première session, etc.

Les notes obtenues dans les modules ou unités d'enseignement (UE) sont généralement compensables et capitalisables. Ainsi, un 12/20 compense un 8/20, l'objectif étant d'obtenir la moyenne générale pour passer en deuxième année. Dans certaines universités, les notes se compensent à l'intérieur d'un même module, mais pas entre modules.

De nombreuses universités proposent un passage en deuxième année conditionnelle, lorsque vous avez manqué quelques UE, qui ne sont pas les plus importantes. Dans ce cas, vous accédez en deuxième année avec un peu plus de cours à suivre, puisque vous suivez à nouveau les enseignements non acquis, et vous repasserez ces UE en même temps que celles de deuxième année, au moment des examens.

Habitués des antisèches et des devoirs recopiés, attention : vous n'êtes plus au lycée. La fraude à l'Université est pratiquement impossible du fait des dispositifs mis en place durant les examens. De plus, sachez qu'elle est sévèrement punie. Tout étudiant surpris en train de tricher durant un examen (de quelque manière que ce soit) est passible d'une peine de cinq ans d'interdiction d'examens universitaires ! Il faudra alors compter cinq ans avant de pouvoir reprendre des études universitaires et de tenter d'obtenir un diplôme...

La réforme LMD

La réforme LMD (licence, master, doctorat) est appliquée à l'ensemble des universités françaises depuis 2006. Les études universitaires sont désormais organisées selon le schéma de la licence (trois années d'étude), des masters recherche ou professionnel (deux années d'étude) et du doctorat (trois années d'étude). Les niveaux reconnus sont donc à présent bac + 3 (licence), bac + 5 (master) et bac + 8 (doctorat).

Cependant, rassurez-vous : si vous quittez vos études au bout de deux ans, vous obtiendrez un diplôme et pourrez reprendre ensuite vos études à partir de la troisième année. L'essentiel est d'avoir validé un certain nombre de crédits, attribués à chaque semestre.

En effet, le LMD s'appuie sur le système européen d'unités d'enseignements capitalisables et transformables, appelé ECTS. C'est un système de crédits fondé sur la semestrialisation des cursus de formation. Les enseignements sont organisés en unités d'enseignement (UE), chacune étant dotée d'un certain nombre de crédits européens. Chaque semestre entraîne la validation de 30 crédits, soit 60 par année. Pour obtenir la licence, qui correspond au premier cycle, il faut donc valider un total de six semestres, soit 180 crédits européens. Un master réclamera ensuite quatre semestres, soit 120 crédits.

L'harmonisation européenne des diplômes est au cœur même de la réforme et ces crédits, reconnus dans l'ensemble des pays européens qui passent au LMD, ont aussi pour objectif de faciliter la mobilité des étudiants. Au niveau national, l'objectif est de donner plus de lisibilité et de flexibilité au cursus universitaire, qui compte en France pas moins de 10 000 diplômes différents. Il s'agit donc également d'une harmonisation des contenus visant à permettre des transferts plus aisés d'une université à une autre et de véritables équivalences. Ce travail de mise en commun des intitulés et des dénominations ne se fait pas sans inquiétudes, avec le risque de voir disparaître les termes de certaines spécialités dans les diplômes.

D'une façon générale, cette réforme tend également vers un allégement des enseignements : moins de cours et plus de travail personnel. Il s'agit donc de promouvoir l'autonomie de l'étudiant, ce qui est un pari important pour le premier cycle, les jeunes bacheliers n'étant pas accoutumés à de telles méthodes.

Pour la licence de psychologie, qui correspond au premier cycle et qui comprend trois années, on trouvera en général associés :
• des enseignements théoriques ;
• des enseignements méthodologiques ;
• des enseignements professionnalisants ;
• des enseignements transversaux (informatique, langue vivante, culture, etc.) ;
• des stages.

Un premier cycle de psychologie permet de poursuivre vers des masters de psychologie, dont la liste est fournie à la fin de cet ouvrage (voir le chapitre 2 de la partie intitulée « Annexes »). Mais il est également possible de valider les acquis universitaires et de s'orienter vers d'autres spécialisations, dans des études courtes ou longues.

A noter : pour une vision d'ensemble du nouveau schéma des études selon la réforme LMD, reportez-vous au schéma récapitulatif du chapitre 1 de la partie intitulée « Annexes ».

PARTIE I

MÉTHODOLOGIE GÉNÉRALE

1. S'adapter aux méthodes de travail universitaires

L'assiduité aux cours

Allez en cours, même sans obligation d'assiduité ! Il est toujours beaucoup plus long et difficile de rattraper un cours (sur un copain ou un bouquin) que d'y assister !

Sauf exceptions et contraintes de la vie étudiante (un travail, un enfant à garder, etc.), il n'y a aucune raison de sécher un cours. Les emplois du temps sont très légers (15 à 20 heures d'enseignements par semaine, voire moins), même s'ils sont parfois mal aménagés. Ils comportent des cours magistraux (CM) dispensés en amphithéâtres et des travaux dirigés (TD), qui se tiennent dans des salles de classe. Les TP, plus rares, sont des travaux pratiques, souvent réservés à l'apprentissage de la biologie.

Rendez-vous aux TD et aux CM sans exception et rentabilisez ce temps : puisque vous êtes venu jusque-là, ce n'est pas pour commenter l'actualité avec votre voisin ! Une attention un peu flottante, souvent pratiquée au lycée, ne pourra plus suffire.

La prise de notes

En cours, optimisez votre présence : prenez des notes et posez des questions. Ne notez pas ce que vous ne comprenez pas et ne quittez pas un cours avec la sensation de n'avoir rien saisi. Questionnez le professeur, quitte à lui faire seulement entendre votre malaise, et reprenez vos notes à l'aide d'un livre, d'un manuel, ou aux côtés d'un étudiant pour qui la matière paraît moins obscure et moins étrangère.

La prise de notes constitue l'une des difficultés majeures à l'entrée à l'Université. D'une façon générale, il faut :
• écouter avant de noter. Dans l'idéal, il convient d'avoir compris et intégré le discours de l'enseignant avant de le retranscrire, à votre manière et avec vos mots ;
• repérer les idées fortes, les mots-clés et les concepts. Ils doivent impérativement apparaître dans vos notes ! L'enseignant insiste sur ces concepts, les distingue ou les définit, puis articule la connaissance autour d'eux ;
• noter les définitions, autant que possible dans leur intégralité, en utilisant au besoin des abréviations. Même si vous avez saisi la signification d'un terme, posséder sa définition vous permettra d'en conserver une description précise qui le distinguera d'autres termes au sens approchant ;

• utiliser la structure de la feuille de papier. Servant de support à la prise de notes, elle doit être exploitée de façon à rendre l'information dans toute sa cohérence. Pour distinguer les parties, les termes importants, les renvois, vous pouvez employer selon vos affinités des couleurs, des retraits, des feutres marqueurs, etc. N'hésitez pas à souligner et à encadrer pour une relecture plus claire et plus efficace.

Quelle que soit la forme employée, l'essentiel est de structurer la connaissance. En donnant une cohérence au contenu, à votre façon, vous l'intégrerez plus facilement et vous saurez mieux le restituer au moment de l'examen.

La prise de notes conditionne beaucoup le comportement à l'examen. Si vous avez noté avec l'impression de ne rien comprendre, même en révisant avec acharnement, vous risquez de rester « à côté » de la matière, incapable de vous en saisir, et de fournir une copie blanche. Si vous avez intégré une idée, que vous êtes capable de la restituer à votre façon et de la structurer, vous agirez de même à l'examen. Il faut donc tout mettre en œuvre pour ne pas rester de l'autre côté du miroir et pour vous saisir d'un enseignement même s'il vous paraît difficile, voire inaccessible (les statistiques et la biologie ont fréquemment ce statut auprès des étudiants).

Voici un exercice tout simple, à pratiquer quelques jours avant un examen, pour vérifier que vous avez suffisamment intégré la matière sur laquelle vous allez être interrogé : choisissez au hasard une partie de votre cours déjà apprise (ou prenez l'intégralité du cours si vous avez du temps), et remettez-la à quelqu'un qui ne la connaît pas. Tâchez alors de lui expliquer de quoi il s'agit, en étant aussi clair et structuré que possible pour que votre ami puisse comprendre quelque chose qui lui est étranger. On n'est jamais aussi sûr de posséder une connaissance que lorsqu'on peut à son tour en faire l'enseignement à autrui.

L'idée de base est qu'il faut avoir retenu quelque chose d'une matière, avoir quelque chose à en dire, en s'attachant aux principaux concepts et à la structuration de la connaissance.

Lectures et recherches complémentaires

Fréquentez les bibliothèques

La prise de notes seule ne suffit pas et c'est ce qui justifie en partie la légèreté de votre emploi du temps. Il faut donc impérativement compléter l'enseignement par des lectures et des recherches documentaires, condition nécessaire à la réussite d'un premier cycle et qui facilite l'intégration des concepts abordés en cours.

Vous pouvez par exemple exceller dans l'apprentissage des concepts freudiens, mais vous devez avoir aussi lu des écrits de Sigmund Freud. Parcourir l'ouvrage d'un auteur permet de se familiariser avec son écriture, son approche des concepts et sa méthodologie : c'est approcher la connaissance à la source même où elle s'est élaborée.

Vous devez donc très vite vous familiariser avec votre bibliothèque universitaire et apprendre à la fréquenter régulièrement et utilement. Beaucoup d'ouvrages sont empruntables, les autres sont consultables sur place, et les enseignants s'efforcent de ne glisser dans vos bibliographies que des notices correspondant à des ouvrages dont l'accès est aisé.

Attention, cependant : beaucoup de bibliothèques n'accordent l'entrée aux étudiants non inscrits dans leur université qu'à partir du master, voire du doctorat. Si votre recherche justifie un accès à une bibliothèque particulière, demandez à l'un de vos enseignants s'il peut vous fournir une lettre de recommandation, expliquant les raisons qui rendent nécessaire cette dérogation. La plupart du temps, les bibliothèques accèdent à de telles demandes motivées.

Un dernier conseil : lisez dans les transports, souvent longs, qui vous mènent à l'université, et aux intercours. Exploitez les moments perdus, qui seront dès lors gagnés, comme autant de points vous rapprochant de l'obtention du diplôme.

Les recherches bibliographiques

Utiliser à bon escient une bibliographie

Dans les polycopiés fournis par les enseignants se trouve souvent, en fin de chapitre ou de document, une bibliographie correspondant au sujet abordé. Celle-ci doit être utilisée comme un guide présentant une sélection des œuvres de référence et visant à approfondir des notions qui vous paraissent floues ou difficiles et à enrichir des notes lacunaires ou mal comprises. Elle comporte parfois plus d'une dizaine de références et laisse l'étudiant hésitant quant à l'usage qu'il convient d'en faire.

Il ne faut pas vous sentir dépassé par l'abondance des références, au risque de refuser en bloc une bibliographie trop dense ou trop diversifiée. Rassurez-vous : il n'est pas attendu d'un étudiant en premier cycle qu'il effectue la lecture intégrale d'une dizaine d'ouvrages par matière étudiée. Dès lors, quel ouvrage choisir, puisqu'on ne peut pas tout lire ? Et comment lire les ouvrages proposés ?

Une bibliographie constitue un cadre de référence spécifique sur lequel un enseignant (ou l'auteur d'un article) s'est basé pour construire son discours. C'est un outil qui vous permet de revenir aux sources de la connaissance, afin d'éclairer et d'enrichir le contenu de l'enseignement. Elle est donc présentée à titre indicatif, afin d'être consultée à l'occasion pour approfondir des notions nouvelles ou difficiles.

Dans certains cas, une ou plusieurs des références bibliographiques figurant dans la liste sont encadrées, marquées ou soulignées. Elles constituent les principales références de l'enseignement et leur lecture, ou au moins leur consultation régulière, est vivement recommandée.

Si l'enseignant désire vous voir lire un ouvrage dans son intégralité, il l'indiquera dans son cours et précisera la nécessité d'avoir intégré le contenu de cet ouvrage pour être à même de répondre aux questions posées lors de l'examen. Cet ouvrage rendu obligatoire pourra aussi faire l'objet de fiches de lecture ou d'exposés portant sur certaines de ses parties. De toute façon, sa lecture complétée d'une prise de notes semblable à celle décrite pour la préparation d'une fiche de lecture rentabilisera votre travail et facilitera beaucoup vos révisions lors des examens.

Au sein d'une bibliographie, il convient donc de distinguer les ouvrages de référence, qu'il est indispensable de lire ou de consulter régulièrement, et les ouvrages donnés à titre indicatif, qui, tout en constituant toujours le cadre de référence de l'enseignement, offrent une source d'information permanente et consultable à loisir. L'enseignant a sélectionné pour vous les articles, chapitres et ouvrages les plus pertinents pour comprendre son cours et vous pouvez vous y référer afin d'approfondir celui-ci.

La lecture des ouvrages donnés à titre indicatif n'est donc pas obligatoire ou indispensable. Il est néanmoins très conseillé de parcourir au cours de l'année certains de ces ouvrages, parce qu'ils vous intéressent ou qu'ils traitent d'un point resté obscur ou complexe. Les étudiants qui, pour des raisons personnelles, ne peuvent assister régulièrement aux cours ont tout intérêt à puiser généreusement dans les bibliographies pour s'imprégner du cours et de ses fondements.

Savoir lire une bibliographie...

La retranscription des références bibliographiques obéit à des règles normalisées, communément appliquées dans les livres, articles, thèses, etc. Au premier abord, elle peut apparaître hermétique, tout particulièrement pour les articles contenus dans des périodiques dont le titre a pu être abrégé. A quelques variations près, une référence bibliographique est retranscrite comme indiqué ci-dessous.

... pour un livre

FREUD, S. (1900), *L'Interprétation des rêves*. Paris : Presses Universitaires de France (1987).

Le nom de l'auteur est suivi de la date de publication de l'ouvrage. Puis le titre du livre est rapporté en italique dans son intégralité. Suivent le lieu et la maison d'édition et pour finir, la date de l'édition consultée : ainsi, Freud a publié cet ouvrage en 1900, mais l'exemplaire rapporté en bibliographie a été édité en 1987.

... pour un chapitre ou une partie de livre

FREUD, S. (1908). *Les Fantasmes hystériques et leur Relation à la bisexualité. In* S. Freud (Eds), *Névrose, Psychose et Perversion*. Paris : Presses Universitaires de France (1985).

L'intitulé du chapitre apparaît après le nom de l'auteur et la date de publication. Il est rapporté en toutes lettres, avant le nom de l'ouvrage au sein duquel il se trouve. Puis l'indication « *In* » marque son inclusion dans un recueil plus vaste, dont le titre apparaît toujours en italique. Les trois lettres « Eds », placées après le nom de l'auteur du recueil, signifient que c'est sous sa direction qu'un rassemblement de chapitres ou de parties s'est effectué.

... pour un chapitre ou un article dans un ouvrage collectif

MACK BRUNSWICK, R. (1994). La Phase préœdipienne du développement de la libido. *In* M. C. Hamon (Eds), *Féminités mascarades : études psychanalytiques réunies*. Paris : Seuil.

Le premier titre en caractère normal désigne le chapitre rédigé par R. Mack Brunswick. M. C. Hamon est l'auteur qui a rassemblé plusieurs parties, dont celle-ci, dans son ouvrage indiqué en italique.

... pour un article dans un périodique

PONTALIS, J. -B. (1973). L'Insaisissable entre deux. *Nouvelle Revue de psychanalyse*, 7, 14 – 23.

Le titre de l'article est suivi du titre du périodique inscrit en italique. Le numéro suivant indique le volume et les deux chiffres séparés par un tiret rapportent les pages auxquelles se trouve cet article. Entre le volume et les pages, un numéro supplémentaire indique parfois la tomaison, en chiffres arabes (1, 2, etc.) ou en chiffres romains (III, VI, XI, etc.).

Si plusieurs auteurs sont réunis pour la rédaction d'un article ou d'un chapitre, on indique d'abord le nom de celui sous la direction duquel la rédaction de l'article s'est effectuée. Les noms peuvent également apparaître dans l'ordre de l'importance de la contribution apportée par chaque auteur, celui-ci allant de la plus forte à la plus légère contribution. Enfin, à défaut d'un tel type de distinction, les noms des auteurs sont présentés dans l'ordre alphabétique.

Effectuer une recherche bibliographique

Une fois les informations contenues dans de telles références bibliographiques identifiées, la recherche effective peut commencer. Elle s'appuiera essentiellement sur le titre du livre ou du périodique, indiqué en italique à la suite du titre de l'article ou du chapitre. Inutile de rechercher directement un titre d'article ou de chapitre : vous ne trouverez rien, car seuls les ouvrages et les périodiques sont localisables.

La recherche proprement dite s'effectue en bibliothèque, le plus souvent à partir d'un ordinateur, la quasi-intégralité des notices bibliographiques étant archivée par informatique. De nombreuses universités possèdent des sites internet à partir desquels beaucoup d'informations sont consultables. Un site général de documentation commun à l'ensemble des bibliothèques universitaires est également consultable en ligne, à partir de tout ordinateur personnel connecté à internet. Il s'agit du site du Système universitaire de documentation (Sudoc), accessible directement à partir de cette adresse internet : www.sudoc.abes.fr

La recherche bibliographique s'effectue à partir d'un catalogue : vous avez généralement le choix entre le catalogue des ouvrages et celui des périodiques, mais quelquefois ceux-ci sont rassemblés sous une même dénomination. Au sein de la bibliothèque de votre université, vous effectuerez d'abord une recherche à partir du catalogue propre à celle-ci, afin de savoir si l'ouvrage recherché est immédiatement accessible.

Dans un second temps, s'il ne l'est pas, vous étendrez votre recherche au catalogue concernant l'ensemble des bibliothèques universitaires de France.

Muni des références adéquates, vous pouvez faire une recherche précise, en indiquant le nom de l'auteur et le titre du document recherché (le titre général : nom du périodique pour un article, nom du livre pour un chapitre). Si vos références sont correctes, l'ordinateur vous indique la cote de l'ouvrage (permettant de l'identifier et de le retrouver dans les rayons d'une bibliothèque) et sa localisation.

Dans le cas d'un périodique, l'état de collection est également indiqué : on précise les numéros d'une revue qui sont effectivement présents dans une bibliothèque, afin que vous ne vous déplaciez pas pour chercher un numéro manquant. Ces états de collection sont souvent difficiles à comprendre, comportant des années et des numéros joints de signes de conjonction et d'exclusion. Demandez l'aide du personnel de la bibliothèque si les indications vous semblent obscures.

Si vous avez égaré les références ou si vous désirez simplement explorer un thème qui vous intéresse, inscrivez un mot-clé qui vous fournira une multitude de références ayant trait au terme proposé. Vous progresserez alors par éliminations successives des notices ne vous concernant pas, vous recentrant toujours au plus près de votre sujet jusqu'à trouver la bonne référence.

Pour effectuer directement une recherche d'articles, aussi précis et récents que possibles sur un thème donné, l'utilisation de CD-Rom vous sera utile. Ceux-ci sont généralement intégrés aux ordinateurs des bibliothèques et sont à ouvrir en cliquant sur les bases de données. Ces CD-Rom rassemblent toutes les publications scientifiques dans un domaine et en archivent les références, comportant des résumés pour chaque article. Ceux-ci sont constamment remis à jour et les universités souscrivent à des abonnements pour accéder à ces sources d'information sans cesse renouvelées.

En psychologie, le plus utilisé de ces CD-Rom est sans doute Psychinfo (ou Psyinfo), qui rassemble des articles ayant directement trait aux domaines de la psychologie. On utilise également beaucoup Francis, qui s'applique plus généralement aux sciences humaines. Une fois le mot-clé entré (les termes en anglais sont bien souvent préférables, car plus précis et apportant des recherches plus vastes), l'ordinateur vous fournit une liste d'articles dont vous pouvez consulter les résumés, afin de savoir s'ils correspondent réellement à votre recherche et s'il peut être intéressant de vous les procurer en bibliothèque.

La motivation : un atout indispensable

Restez toujours motivé, même si des matières vous déplaisent et si vous ne faites pas d'emblée ce que vous voudriez faire. La spécialisation viendra plus tard, en master, ou à travers des concours d'accès parallèle, tels que celui de l'IUFM. Le premier cycle possède une généralité qui rappelle parfois à certains étudiants leurs années de lycée : il peut être vécu comme rébarbatif en raison de son approche globale et fondamentale, mais il permet ainsi des réorientations vers d'autres disciplines en cours de premier cycle (à l'intersemestre ou en fin de première année), ou l'obtention du diplôme, et fournit une connaissance de base sur des notions et domaines qui ne seront peut-être plus jamais abordés.

Donc, accrochez-vous ! Trop d'étudiants échouent en premier cycle, l'obtiennent en plus de trois ans ou ne l'obtiennent pas du tout, abandonnant souvent sans avoir construit un projet de réorientation. Ne vous laissez pas abattre par des contenus ou des méthodologies qui vous paraissent étrangers. Et même si cela peut sembler paradoxal, travaillez davantage les matières qui vous ennuient. Ne séchez pas le cours le plus rébarbatif à vos yeux : c'est celui-là qui vous posera problème à l'examen. Assistez aux cours difficiles et au besoin, faites-vous aider.

Ne lâchez pas prise, même si vous voulez vous réorienter : vos résultats compteront toujours et seront compensables et capitalisables. On ne travaille jamais pour rien ! Par contre, on peut apprendre à travailler plus efficacement.

Encore une fois, n'hésitez pas à poser des questions et à demander de l'aide. Il existe dans la plupart des universités un système de tutorat qui vise à accompagner les étudiants de première année et quelquefois aussi, ceux de deuxième année. Suivant des modalités différentes selon les universités, des enseignants et/ou des étudiants plus avancés guident les nouveaux inscrits et les aident à affronter les problèmes concrets qu'ils rencontrent lors de leur entrée à l'Université.

2. La lecture et la rédaction d'articles scientifiques

La structure des articles

En dépit d'une controverse toujours existante, la psychologie se revendique comme une science. Dès lors, elle communique ses découvertes et présente ses objets d'études au moyen d'articles scientifiques, à la forme bien déterminée, et auxquels l'étudiant inscrit en premier cycle sera rapidement confronté.

La rédaction de tels articles obéit à des codes partagés par l'ensemble de la communauté scientifique et permet ainsi un partage et une comparaison des productions des différentes disciplines. Un article scientifique est rédigé selon le schéma général suivant :

- objet ;
- méthodes ;
- hypothèses ;
- résultats ;
- discussion ;
- conclusion ;
- bibliographie.

Avant l'exposé de l'objet, une courte introduction et une description de la problématique peuvent prendre place. Une revue de littérature sur la question, présentée en quelques paragraphes, peut également entrer dans cette première partie. Celle-ci s'articule dès lors autour des concepts ayant contribué à l'élaboration de l'objet, en présentant souvent les principales recherches effectuées sur ce thème et les résultats déjà obtenus dans ce cadre. L'auteur précise ainsi ses références, ses influences, et fait valoir la nouveauté de sa démarche.

Il est indispensable de bien savoir identifier et définir chacune de ces parties, afin de structurer et d'appréhender dans toute sa richesse l'information présentée.

L'objet

L'objet d'une étude constitue son centre d'intérêt, aussi précis et défini que possible. C'est un thème, mais très resserré, au point de n'intéresser qu'une infime partie d'un domaine de connaissance. Par exemple, quelqu'un travaillant sur le thème assez large de l'échec scolaire pourra avoir comme objet de recherche « *les processus d'attention chez l'enfant de sept à dix ans* ».

Dans la partie traitant de l'objet, ce point très spécifique d'intérêt et de questionnement est ainsi présenté de la façon la plus claire et la plus concise possible. On précise également dans quel cadre cet objet sera observé, puisque cela en modifie la nature, mais sans aborder encore les aspects les plus concrets de l'étude, qui sont à réserver pour la partie méthodologique. Par exemple, dans le cas des « *processus d'attention chez l'enfant de sept à dix ans* », on peut préciser qu'ils sont étudiés au sein de leur salle de classe, ou bien à domicile lors des devoirs, ou encore en laboratoire à partir d'exercices de simulation.

Ces modalités sont liées à la fois au désir d'appréhension contextuelle d'un objet et aux contraintes de terrain, ainsi qu'aux strictes limites déontologiques.

Une fois l'objet introduit, vient l'exposé de la méthode, qui va définir les modalités d'opérationnalisation de la recherche.

La méthodologie

Elle comporte les données relatives à la durée de l'étude, à son terrain d'investigation, aux outils employés et à la population impliquée dans un tel processus. L'auteur peut également choisir de préciser comment il a respecté la déontologie, incontournable dans toute étude, particulièrement dirigée sur la personne humaine (et souvent au sein de populations fragilisées).

Par exemple, dans le cas de l'objet « *les processus d'attention chez l'enfant de sept à dix ans* », la méthodologie exposera les différents temps de la recherche et les outils psychométriques employés. Elle précisera l'existence ou non d'un groupe contrôle, la distribution de la population (par exemple en groupes appareillés) et les entretiens menés, dans quel cadre et par quel type de professionnel (par exemple des entretiens semi-directifs menés par des psychologues cliniciens auprès des instituteurs). L'aspect déontologique pourra, lui, être abordé en précisant par exemple l'aspect confidentiel et anonyme des informations reçues, ainsi que l'information faite aux personnes impliquées dans l'étude des modalités de réalisation de celle-ci.

La méthodologie est la clé, l'axe principal autour duquel se construit une étude. C'est sa rigueur et sa cohérence qui feront l'intérêt et la qualité de la recherche, et donc de l'article la présentant.

Une fois la méthodologie exposée, on présente les hypothèses soustendant le processus expérimental. Celles-ci ont déterminé la construction du processus méthodologique et pour cette raison, elles sont souvent présentées avant la méthode qui les met à l'épreuve.

Les hypothèses

Formulées comme des affirmations, elles exposent le plus souvent un lien entre deux variables, établi par le chercheur et constituant la relation qu'il pense observer à l'issue de la recherche. C'est à l'origine une intuition, s'appuyant sur des données tangibles, qui va être présentée comme une affirmation. Mise à l'épreuve d'un processus scientifique, elle pourra être ou non validée et dans ce dernier cas, retenue comme « vérité » (qui demeure en principe toujours réfutable). D'où l'importance de la méthodologie, qui doit être suffisamment fiable pour confirmer ou infirmer avec certitude une hypothèse.

Les hypothèses cherchent le plus souvent à mettre en relation deux facteurs : par exemple, « *les processus d'attention de l'enfant de sept à dix ans sont directement liés aux facultés de concentration* ». L'intuition première formulée dans l'hypothèse va être mise à l'épreuve dans la méthodologie et fournir des résultats. Dans le cas des mises en relation de variables portant sur de larges effectifs, des méthodologies statistiques existent, qui fournissent un résultat chiffré très précis.

Les résultats

Ils présentent les données issues de l'application des méthodologies aux sujets de l'étude, en fonction des hypothèses. Cette partie ne comporte donc pas encore d'interprétation ni d'analyse. On y expose un matériel brut, issu du dépouillement de tests, d'entretiens cliniques, ou encore d'analyses statistiques.

Dans le cas d'un résultat chiffré, exprimant une corrélation, on indique dans cette partie si la corrélation est significative. Une corrélation est significative lorsqu'elle dépasse un certain seuil fixé à l'avance et à partir duquel on considère que deux variables sont effectivement liées et que les modifications de l'une auront des répercussions, une influence notable sur l'autre (et *vice versa*).

Les résultats, qu'ils portent sur l'analyse d'entretiens ou sur le dépouillement de tests divers, sont souvent présentés sous forme de tableaux ou de graphiques, synthétisant l'information et mettant en évidence les éléments pertinents. Une fois l'ensemble des résultats exposé et organisé, la discussion va pouvoir se conduire à l'appui de données bien identifiées.

La discussion

Elle présente les conséquences et les implications des résultats, en les analysant et en les interprétant. C'est dans cette partie que l'auteur indique si ses hypothèses sont confirmées ou infirmées et qu'il argumente autour de cette interprétation.

La discussion permet de faire état des acquis, des points de certitudes, mais aussi des faiblesses et des résultats plus incertains produits par cette étude. Une hypothèse non validée ne constitue pas un échec en soi, puisqu'elle apporte une information nouvelle, en informant par exemple de l'absence de corrélation entre deux facteurs que l'on croyait corrélés. Même si ce résultat demeure circonstancié, toujours lié aux caractéristiques de l'étude, il constitue un apport riche et stimulant de connaissance nouvelle : on apprend beaucoup de ses erreurs !

Si l'on reprend l'exemple des processus d'attention chez l'enfant âgé de sept à dix ans, une reformulation des hypothèses, confirmées, dans la partie discussion, pourrait prendre cette forme : « *Nous constatons ainsi que la concentration vient favoriser l'exploitation des processus d'attention chez l'enfant de sept à dix ans.* »

Il faut bien garder à l'esprit que les interprétations ainsi produites ne sont jamais définitives. L'auteur rappelle souvent la portée restreinte de son étude et la nécessité de recherches complémentaires pour accroître la véracité de telles affirmations.

La conclusion

Elle s'emploie précisément à offrir des pistes de réflexion, à proposer de nouvelles méthodologies de recherche, afin d'apporter toujours plus de rigueur au questionnement. C'est la partie qui constitue une ouverture et un rebondissement vers d'autres intérêts éveillés par la recherche qui vient d'être menée.

La bibliographie

Elle présente une liste d'articles et d'ouvrages cités dans la recherche ou ayant influencé sa définition et son élaboration. Ces différentes sources constituent des références auxquelles le lecteur peut se rapporter s'il souhaite approfondir un aspect soulevé par l'article.

Les spécificités de la lecture et de la communication en anglais

La grande majorité des premiers cycles de psychologie comporte un apprentissage de l'anglais, le plus souvent directement appliqué aux domaines de la psychologie. L'enseignant dispense son cours en anglais dans les TD, même s'il a parfois recours au français pour traduire certaines expressions. Dans certaines universités, vous assisterez dès la première année à des cours en amphithéâtre (CM) d'une heure ou d'une heure trente, donnés uniquement en langue anglaise.

L'apprentissage des concepts propres à l'anglais

La méthodologie sera au premier plan dans l'enseignement en anglais et elle s'attachera principalement à la présentation de la structure d'un texte ou d'un article, à l'identification du vocabulaire anglais spécifique à tel domaine de la psychologie, ainsi qu'au repérage des concepts et des idées principales apportés par un document.

Une fois encore, l'essentiel est de comprendre ce que l'on lit et de ne pas perdre le fil de ce qui est dit, lors d'un cours ou d'un exposé. La tâche est d'autant plus délicate dans une langue étrangère et il vous faudra repérer les idées principales, les mots-clés et les différents temps de l'argumentation pour ne pas vous perdre tout à fait. L'enseignant, conscient de cette difficulté, utilisera le plus souvent des supports pour dégager les grandes lignes de son cours et fournir les informations nécessaires à sa compréhension. Ces supports peuvent être des plans de cours, des listes de concepts ou des rappels de vocabulaire, distribués sous forme de polycopiés ou projetés au tableau à l'aide d'un rétroprojecteur.

Des articles scientifiques rédigés en anglais sont souvent distribués. Il vous faudra analyser, avec l'aide de l'enseignant, les spécificités et la structure de ces publications, par rapport à celles en langue française. Si la forme de l'article et l'organisation des parties restent très proches de celles décrites dans les pages précédentes, le vocabulaire et la construction des phrases varieront suffisamment pour nécessiter une nouvelle familiarisation.

Dès la première année de premier cycle dans bien des cas, vous allez donc être contraint à l'apprentissage de concepts propres à la langue anglaise, en même temps que vous intégrerez ceux couramment utilisés en français. Vous aurez ainsi à identifier des termes désignant des notions différemment qualifiées en anglais et en français, et à dégager le sens et la portée d'un texte rédigé en langue anglaise.

L'importance des TD et de la pratique de la langue

Dans les séances de TD, des fiches de lecture et des exposés pourront être demandés, qui donneront l'occasion à l'étudiant de démontrer sa bonne intégration d'une notion et sa capacité à communiquer dans une langue étrangère.

Pour ceux pour qui l'anglais a vraiment tout d'une langue étrangère, pas de panique ! Des cours respectant les niveaux sont bien souvent aménagés, avec un rappel, pour les débutants, des notions de grammaire et de conjugaison enseignées au lycée. Dans tous les niveaux, des supports polycopiés fournissent souvent des listes de vocabulaire ou des rappels des notions clés.

Pour ce qui est de l'examen, il varie beaucoup d'une université à l'autre et il arrive par exemple qu'il consiste en un texte en anglais, à lire et à comprendre, suivi de questions en français auxquelles vous pouvez répondre en français. Renseignez-vous en début d'année et de toute façon, ne vous découragez pas. Il ne faut pas hésiter à poser des questions. Si vous n'avez pas compris, dites-le et ne restez pas avec une lacune qui désorganiserait la connaissance déjà acquise.

C'est la fonction même d'un TD que de permettre cette interaction entre l'enseignant et l'étudiant. Vos questions sont les bienvenues (elles rassurent même le professeur, puisque vous suivez ou que vous essayez de suivre) et posez-les en classe (et pas après le cours) à haute voix pour que tout le monde profite de la réponse (y compris le grand timide qui sèche sur la même chose que vous sans oser le signaler).

Si vous ne parvenez pas à formuler une question en anglais, tant pis, posez-la en français. Le professeur vous la fera peut-être répéter en anglais après l'avoir traduite pour tout le monde. Ne le vivez pas trop mal, ce n'est pas une démonstration de votre incompétence, mais un excellent moyen d'apprendre du vocabulaire.

En CM, il sera plus difficile de poser des questions, l'enseignement s'articulant essentiellement sur le cours dispensé par oral et les supports fournis en complément. Notez vos questions sur un coin de votre feuille et posez-les soit à la fin du CM, soit à l'occasion de la prochaine séance de TD. Vous trouverez souvent dans votre entourage un étudiant bilingue ou très à l'aise en anglais. Profitez-en pour vérifier auprès de lui que vous avez bien compris et pour vous faire expliquer quelques paragraphes obscurs, qui seront lumineux à ses yeux !

Même s'il peut sembler scolaire ou rébarbatif, l'apprentissage de l'anglais est indispensable en psychologie et d'une façon plus générale, dans la société actuelle. Saisissez toujours l'opportunité de développer votre maîtrise de cette langue, car elle valorisera votre formation, quelle qu'elle soit. Si vous peinez, sachez qu'il existe des cours de soutien, des formations individuelles par correspondance et beaucoup d'enseignements publics ou privés. Si vous vous sentez vraiment égaré, vous pouvez demander à votre enseignant de TD s'il accepte de vous donner de petits exercices à la fin du cours, que vous lui rendrez et qu'il pourra corriger. Tentez aussi de travailler à plusieurs, en petits groupes d'amis ayant des niveaux différents.

L'anglais est une langue vivante, il faut la pratiquer pour ne pas la perdre ! De nombreux étudiants étrangers vous côtoient sur les bancs de l'université. Aller à leur rencontre ne pourra que vous enrichir. Différentes associations étudiantes organisent des rencontres et des soirées, sachez en profiter pour vous sentir moins isolé : certaines sont organisées par des étudiants étrangers, autour d'un pays ou d'un thème, comme celles de la Cité universitaire, à Paris.

3. La lecture et la rédaction d'études de cas

A la fois en marge et au sein même d'articles scientifiques traditionnels, l'étude de cas constitue un mode de présentation bien spécifique des informations. Elle est l'apanage de la psychologie clinique, en ce qu'elle s'intéresse au sujet dans sa globalité. On la rencontre donc le plus souvent dans les documents dont l'approche est celle de la psychopathologie clinique et parfois aussi celle de la psychologie sociale.

La lecture

Caractéristiques

La lecture d'une étude de cas est souvent plus agréable que celle d'un article scientifique, mais son caractère rigoureux et structuré ne doit pour autant pas échapper à l'étudiant. L'étude de cas sert souvent d'illustration et également de démonstration à une hypothèse ou aux présupposés d'une théorie. Ainsi, un clinicien s'intéressant à certaines modalités de l'interaction entre une mère et son enfant livrera une ou plusieurs études de cas détaillant ces interactions, avec une description du contexte et des données individuelles aussi précise que possible, afin d'aborder les sujets dans leur globalité et leur spécificité.

On trouve souvent dans l'étude de cas un fil conducteur, fourni par l'hypothèse, qui organise et articule la présentation des données pour la rendre cohérente et pertinente. C'est la forme sous laquelle vous la rencontrerez le plus souvent, les écrits de M. David fournissant un très bon exemple de cette utilisation de l'étude de cas à l'appui d'une démonstration théorique.

Pour ce qui est d'une discipline à l'approche aussi particulière que la psychanalyse, l'étude de cas peut même être considérée comme l'une des principales voies de construction de la connaissance. C'est par elle que le savoir théorique s'est élaboré et progressivement précisé, à un degré où elle n'est plus l'illustration mais le fondement d'une théorie. Elle se distingue donc radicalement des méthodologies statistiques appliquées à de grandes populations, que l'on rencontre fréquemment au sein des articles scientifiques.

Certaines études de cas, comme les *Cinq psychanalyses* de S. Freud, couvrent près d'une centaine de pages, mais la plupart comporte entre une et cinq pages de description. Le sujet y est présenté tel qu'il a été rencontré avant l'étude ou l'entretien, et des éléments pertinents de son histoire (qui correspondent à ce qu'on appelle une anamnèse) viennent également compléter cet exposé. L'ordre et les modalités de présentation varient ensuite beaucoup selon les auteurs, leur démarche et les hypothèses qui sont les leurs.

Les temps majeurs de l'élaboration d'une étude de cas

D'une façon générale, on rencontre dans une étude de cas des considérations relevant de la sémiologie, de l'étiologie, et plus occasionnellement de la thérapeutique. L'anamnèse, la sémiologie, l'étiologie et la thérapeutique constituent les temps majeurs de l'élaboration d'une étude de cas. Ces parties peuvent être bien distinguées les unes des autres ou au contraire très mêlées, selon l'approche de l'auteur. L'étudiant devra toujours être capable de bien les identifier.

La sémiologie

C'est l'étude des signes : elle concerne l'étude des caractéristiques d'un sujet. En pathologie, il pourra s'agir des symptômes et syndromes affectant un patient interné en clinique psychiatrique et en psychologie sociale, des stratégies d'adaptation d'un individu au sein de son entreprise. La sémiologie est généralement la partie la plus rigoureuse et la plus structurée d'une étude de cas. Elle va servir de fondement à la connaissance : l'auteur va interpréter à partir de ce matériel recueilli et rapporté. En psychopathologie, un tel recueil de signes pourra ainsi donner lieu à un diagnostic, qui constitue une interprétation à partir de signes relevés et organisés.

L'étiologie

C'est la science des causes. A partir de la sémiologie et des données connues de l'histoire du sujet (données anamnestiques), l'auteur livre souvent des considérations sur l'origine des troubles ou des signes observés. Ses hypothèses étiologiques s'appliquent avant tout aux causes déclenchantes (qu'est-ce qui a déclenché l'apparition de tel signe ?) et parfois aussi aux causes déterminantes (pourquoi ce sujet développe-t-il tel signe plutôt qu'un autre ?).

La question des causes déterminantes est toujours beaucoup plus délicate, car elle fait appel à une pluralité de facteurs. La surdétermination rend l'origine des troubles difficile à identifier. Par exemple, dans le cas d'un patient qui décompense une schizophrénie, avec un ensemble de symptômes et de syndromes caractéristiques de cette pathologie, la question portant sur les causes déclenchantes deviendrait : qu'est-ce qui lui a fait révéler les symptômes de cette maladie ? Par exemple :

une rupture affective. La question portant sur les causes déterminantes serait quant à elle : pourquoi est-il psychotique ? Réponses possibles : raisons familiales, sociales, génétiques, biologiques, psychologiques, etc.

La thérapeutique

Une thérapeutique propose des solutions ou des traitements applicables au sujet et à sa situation. Cette thérapeutique peut être d'ores et déjà comprise dans l'étude et présentée dans celle-ci avec ses implications et ses résultats, ou bien exposée et soumise au lecteur comme une possibilité, une éventualité de résolution encore en attente d'une mise à l'épreuve.

La rédaction

Dans de nombreuses universités, la rédaction d'études de cas est demandée dès le premier cycle de psychologie, généralement au sein des modules (ou UE) de psychopathologie ou de psychologie clinique. Il s'agit essentiellement d'opérer un repérage sémiologique au sein d'une observation d'une ou deux pages.

Votre travail consistera, à partir d'un récit décrivant l'histoire et la situation d'un individu, à repérer des signes pertinents et à les organiser, c'est-à-dire à structurer et à définir la connaissance extraite du texte. Dans le domaine de la psychopathologie (où les études de cas sont les plus fréquentes), il s'agira d'organiser des signes en symptômes, puis en syndromes, en vue de proposer une hypothèse diagnostique.

Il y a donc trois temps importants dans un tel travail : l'identification des troubles ou signes, leur définition et leur organisation.

L'identification des signes

Elle nécessite une lecture approfondie, assistée d'un crayon ou d'un feutre surligneur, durant laquelle vous relèverez tous les signes décrivant un trouble ou un comportement qui vous paraissent significatifs, comme par exemple « *elle pleure* », « *elle tente de mettre fin à ses jours* », « *elle est agacée, irritable* ».

Même si un signe se répète plusieurs fois, il faut le relever à chaque fois et en tenir compte lors de la rédaction. Evitez la paraphrase : il ne faut pas tout relever, mais seulement les termes pertinents qui seront rassemblés sous d'autres termes au moment de la définition.

La définition des signes

Les signes relevés doivent être définis, c'est-à-dire que l'on doit comprendre pourquoi vous les avez extraits du texte et ce qu'ils signifient. Ils doivent être associés à des concepts appris lors des cours, qui sont communs à la plupart des descriptions sémiologiques. Par exemple : « *la patiente présente un état dépressif, c'est-à-dire une altération profonde de l'humeur, avec perte de plaisir et d'intérêt* ». En effet, on nous indique qu'« *elle pleure beaucoup* », qu'elle est « *triste et sombre* », « *restant longtemps enfermée dans sa chambre* ».

Une fois les signes identifiés et définis (travail qui doit se faire assez rapidement au brouillon), ceux-ci doivent être exposés dans l'étude de cas de façon suffisamment organisée.

L'organisation des signes

Votre démarche de pensée va du signe au symptôme, puis au syndrome (et finalement au diagnostic). Mais lors de la rédaction, elle apparaît dans l'ordre inverse : d'abord le syndrome, composé d'un ensemble de symptômes qui le caractérisent, puis les symptômes rangés sous l'intitulé du syndrome et enfin, les signes illustrant les symptômes. Par exemple : syndrome catatonique au sein duquel on trouve, entre autres, les symptômes de maniérisme et de stéréotypie, et qui s'illustre à l'aide des signes identifiés dans le texte : « *sa démarche évoque celle d'un automate* », « *ses gestes sont affectés* ».

Le diagnostic est à réserver pour la fin de la rédaction, afin de conserver une cohérence à votre propos. Par exemple : « *au vu de cet ensemble de signes, nous posons l'hypothèse diagnostique d'une schizophrénie*».

Les symptômes et syndromes doivent être organisés par ordre d'importance, du plus prégnant (le plus important, le plus évident à la lecture du texte) au plus anecdotique. Vous pouvez aussi choisir de séparer les troubles psychiques des troubles physiques et faire encore des sous-parties dans ces distinctions, comme les « *troubles de la mémoire* » ou les « *troubles de l'alimentation* ». L'essentiel est que tout reste cohérent et clair. La plupart du temps, l'enseignant vous fournira un plan de rédaction, même vague, qui guidera votre présentation.

Une fois tous les symptômes décrits et organisés, il vous sera généralement demandé de fournir une hypothèse diagnostique. A partir du savoir théorique que vous aurez acquis, il faudra dire vers quel type de tableau clinique vous oriente la présence de ces différents signes. Ce n'est jamais simple, mais il faut poser un diagnostic. Les enseignants tiennent beaucoup à cette capacité de décision chez l'étudiant : vous devez pouvoir vous déterminer quant à l'intitulé à donner à des troubles.

L'utilisation du conditionnel est néanmoins recommandée lors du diagnostic, celui-ci revêtant toujours le statut d'une hypothèse. Cette hypothèse diagnostique doit être argumentée, c'est-à-dire justifiée, et un diagnostic différentiel peut être proposé. Dans ce cas, on expose d'abord l'hypothèse à laquelle on avait songé, en expliquant pourquoi elle était plausible, puis pourquoi elle est finalement rejetée, et l'on achève l'argumentation en indiquant la nouvelle hypothèse, qui elle sera retenue.

Si vraiment on ne parvient pas à se décider entre deux diagnostics, mieux vaut les poser tous les deux, en argumentant et en expliquant bien qu'il peut s'agir de l'un ou de l'autre (et surtout pas des deux à la fois). Cela vaudra toujours mieux que de ne rien écrire de peur de se tromper.

Les données d'anamnèse, d'étiologie et de thérapeutique éventuellement présentes dans le texte pourront faire l'objet de questions particulières, distinctes de l'étude de cas. Par exemple : « *quelles sont les conceptions étiologiques de l'auteur ?* », « *quelles thérapeutiques emploie-t-il ?* ». Lors de certaines études de cas plus poussées, telles qu'on les rencontre plus généralement en troisième année de premier cycle de psychologie, ces données pourront être directement traitées à côté du relevé sémiologique.

Lors de la rédaction de vos rapports de stages et de vos mémoires de recherche, vous devrez être suffisamment familier de la rédaction des études de cas pour faire le compte rendu rigoureux de vos propres observations.

4. Les exposés et les fiches de lecture

La pratique de l'exposé et de la fiche de lecture peut sembler plus familière à l'étudiant tout juste sorti des méthodologies du lycée. Moins fréquemment réclamés qu'au cours de la scolarité en collège et en lycée, ces exercices sont toujours proposés au sein de certains TD et TP du premier cycle de psychologie. Ils possèdent des spécificités qui les rendent différents des travaux demandés jusque-là. Celles-ci vont être rapidement présentées. Aucun schéma général ni plan de rédaction ne peuvent être ici proposés, car ils varient considérablement d'un enseignement à l'autre. De même que pour les modalités de contrôle lors de l'examen final, l'étudiant devra se faire spécifier par l'enseignant la forme que celui-ci attend qu'il donne à son travail.

Les exposés

Un excellent moyen d'approfondir ses connaissances

Le plus souvent, ils sont facultatifs, en raison du nombre limité de séances de TD (environ 12 séances par semestre) par rapport au nombre d'étudiants présents. Si les exposés sont simplement proposés, saisissez cette opportunité d'approfondir une notion, une méthodologie, et de présenter le fruit de votre recherche en public ! A moins que vous ne soyez débordé (pour bien des raisons valables), ne venez pas grossir les rangs de ceux qui regardent à côté quand l'enseignant demande des volontaires !

Faire un exposé représente une occasion rare de sortir de l'anonymat dans lequel vous plonge le système universitaire, de réfléchir autour d'un concept neuf ou difficile, et de partager votre réflexion avec d'autres. Pour cette raison aussi, n'hésitez pas à choisir un thème d'exposé éloigné de vos centres d'intérêts ou de vos connaissances familières.

L'exposé constitue une réelle opportunité de vous confronter à des notions jusque-là obscures ou mal maîtrisées. Vous êtes au début de vos études et vous devez entraîner votre esprit à la diversification, à la curiosité, pour ne pas risquer de rester replié sur les notions avec lesquelles vous avez des affinités. Le début des études est volontairement peu spécialisé pour permettre cette confrontation à des champs disciplinaires variés.

Plus rarement, l'enseignant impose un exposé par étudiant, qui sera généralement très court, afin de permettre le déroulement de plusieurs exposés pendant une séance de TD. Plusieurs thèmes et dates de présentation sont proposés : l'agitation gagne alors la salle et les stratégies se multiplient parmi les étudiants, pour obtenir le thème souhaité (généralement celui qui semble facile ou familier) et une date aussi reculée que possible. A nouveau, n'ayez pas peur des choix difficiles et mettez-vous au travail le plus tôt possible !

C'est pendant la période qui va de la rentrée universitaire (mi-octobre) aux vacances de Noël (fin décembre) que vous aurez le plus de temps pour travailler. Ensuite, les examens, les vacances et les différents ponts rendront l'enseignement plus morcelé et votre attention se relâchera beaucoup plus facilement. Il est donc plus judicieux de choisir une date d'exposé en novembre qu'en janvier, deux semaines avant les examens, alors que vous aurez bien autre chose à penser. L'année universitaire est courte et aux premiers beaux jours du printemps, nombre d'étudiants s'égayent hors des salles de cours pour ne réapparaître qu'à l'examen. Sachez-le et plongez-vous dès les premières semaines dans le vif du sujet.

La préparation et la présentation d'un exposé

Un temps de présentation limité

Le temps de présentation est très limité, allant d'un quart d'heure à une demi-heure (le plus souvent 20 minutes). Oubliés les exposés d'une heure complète attendus au lycée ! Cette courte durée de présentation a une influence directe sur la préparation, puisque les informations que vous présenterez devront avoir été au préalable analysées, synthétisées et organisées.

La mise en forme de l'exposé

La paraphrase est à bannir : seuls les concepts, les définitions et quelques citations illustratives (si nécessaire) sont à conserver tels quels. La rédaction consistera avant tout en un travail de réécriture, montrant que vous avez intégré une connaissance, identifié des idées fortes et organisé celles-ci dans un ensemble cohérent et pertinent.

Comme pour la prise de notes, il n'existe pas de bonne méthode de rédaction. La retranscription écrite de votre exposé dépendra beaucoup du souhait de l'enseignant de conserver ou non une trace écrite de celui-ci. Vous pouvez aussi distribuer dans la salle un polycopié présentant les idées essentielles contenues dans votre propos.

Durant votre exposé, vous aurez sous les yeux, posé devant vous, un support papier qui vous guidera et vous rassurera pendant votre présentation orale. Une fois encore, il n'y a pas de règle générale : vous pouvez privilégier une forme exhaustive, retranscrivant jusqu'à la virgule ce que vous allez dire, ou une plus synthétique, plus elliptique, rappelant les points principaux dans leur ordre d'évocation. Dans ce dernier cas, chaque expression ou terme retenu devra être soigneusement choisi pour entraîner à sa lecture la réactivation des savoirs qui lui sont liés.

Entre ces deux options opposées, il existe tout le panel des stratégies individuelles, chaque étudiant organisant son écriture et sa présentation de façon à avoir le plus facilement et le plus rapidement accès à l'information (comme lors de la prise de notes, les soulignements, les retraits ou les encadrements peuvent se révéler utiles).

La présentation orale de l'exposé

Quelle que soit la forme que vous adopterez, il est important de ne pas lire votre exposé du début à la fin de la présentation. Obligez-vous à lever régulièrement les yeux vers votre assistance, pour voir si elle est attentive et si elle semble comprendre ce que vous expliquez.

Dans l'idéal, si vous êtes arrivé à une bonne maîtrise de votre sujet et que vous vous sentez suffisamment à l'aise à l'oral, il faut présenter votre exposé sans regarder le papier, en vous adressant directement à la salle, parfois à l'appui du tableau ou des documents distribués. Votre exposé écrit reste alors posé sur la table, où il peut être consulté à tout moment en cas de doute ou pour lire une citation.

Cela peut paraître utopique, mais c'est le mode de présentation que vous devrez avoir acquis dès la fin du premier cycle et le seul qui sera recevable dans le champ professionnel où vous exercerez. Qu'il s'agisse du psychologue proposant le compte rendu de ses observations lors d'une réunion, du chercheur exposant ses travaux ou du professeur s'adressant à ses élèves, la capacité à exposer sans lire est indispensable.

Si la prise de parole en public vous paralyse, entraînez-vous par exemple avec un ami, en lui présentant votre travail dans les mêmes contraintes de temps et de détachement du support écrit. Il faut que votre interlocuteur comprenne de quoi vous parlez ! Donc ne parlez pas trop vite, ni trop bas, évitez les « *euh* » à la fin de chaque phrase, définissez les termes nouveaux ou importants que vous employez et illustrez les principales idées par des exemples.

Cela vous donnera une idée de votre degré de maîtrise du sujet et du temps nécessaire à votre présentation telle que vous l'avez élaborée. Il vous faudra peut-être la raccourcir ou la rallonger, en fonction des consignes fournies par l'enseignant.

Les questions posées par l'auditoire

Attendez-vous à rester éventuellement toute la durée du cours assis sur la chaise de l'enseignant, face à votre auditoire. Le débat s'organisera autour des connaissances que vous avez apportées et de l'interprétation que vous en faites. Les étudiants comme le professeur seront amenés à prendre la parole : vous serez interrogé et souvent contredit, puisque l'enseignant tient à vous voir argumenter votre point de vue et à rectifier devant la classe toute information qu'il juge erronée ou lacunaire.

Une fois votre présentation terminée, vous n'êtes donc *a priori* qu'à mi-chemin : la discussion suivant l'exposé a bien souvent plus d'importance que l'exposé lui-même. Il vous faut donc rester mobilisé une fois la dernière phrase prononcée. Ce n'est pas le moment de souffler, de décompresser, en pensant que le plus dur est fait. Restez attentif, concentré, toujours au cœur de votre sujet : ce moment se révélera plus agréable qu'il n'y paraît.

Interrogé, parfois remis en cause, vous aurez à défendre vos partis pris dans la présentation d'une théorie ou de connaissances rapportées. Votre simple ordre de présentation, votre choix des illustrations ou des idées principales impliquent déjà une interprétation qu'il vous faudra justifier.

Les questions posées par l'enseignant pourront prendre cette forme : « *Pourquoi avez-vous insisté sur tel concept ?* » ou « *Pourquoi n'abordez-vous pas tel aspect de l'œuvre de cet auteur ?* ». Ne soyez pas déstabilisé ! En vous donnant cet exposé, l'enseignant vous a implicitement demandé de faire un travail de sélection et d'organisation de l'information, en plus de la recherche proprement dite. Il vous faut à présent justifier vos stratégies, ce qui implique bien sûr de savoir pourquoi et comment on fait les choses. Ce sont des questions qu'il est donc préférable de s'être posées avant l'exposé. La question de la place à laquelle vous vous situez par rapport au sujet est fondamentale et conditionne votre rapport à la connaissance.

Dès cette première année à l'université et de façon exponentielle au fur et à mesure de votre avancée dans les études, il vous faudra réfléchir sur la connaissance et non plus seulement la mémoriser. L'exercice de l'exposé constitue en cela un moment privilégié, rejoint sur ce plan par le travail individuel de la fiche de lecture.

Les fiches de lecture

Certaines lectures d'ouvrages, d'articles ou de chapitres recommandés en bibliographie peuvent fournir l'occasion de rédactions de fiches de lecture, au moyen desquelles l'enseignant apprécie les capacités de synthèse et d'analyse d'un texte par l'étudiant. Voilà donc encore une belle occasion de sortir de l'anonymat.

A la différence des exposés, ces fiches de lecture, quand elles sont demandées, sont le plus souvent rendues obligatoires pour tous les étudiants inscrits au TD. Elles permettent de faire reconnaître les qualités et les défauts du travail de chacun et de perfectionner celui-ci à l'aide des annotations du correcteur. Si une annotation n'est pas comprise ou si l'appréciation générale est donnée sans explications, il ne faut pas hésiter là encore à se faire préciser par l'enseignant sa démarche et ses attentes. Une note participant à la note finale est parfois attribuée à ces travaux.

La lecture

C'est l'un des principaux facteurs de réussite à l'Université. Avis à ceux qui fuyaient les livres au lycée, faisaient établir leurs fiches de lecture par un copain ou recopiaient les extraits d'un ouvrage d'exégèse ! A l'Université, suivre l'enseignement en CM et en TD ne suffit pas : il faut lire !

Les bibliothèques universitaires vous permettent d'emprunter ou de consulter sur place la majeure partie des ouvrages qui vous seront conseillés (voir la partie du chapitre 1 consacrée aux recherches bibliographiques, qui traite des stratégies de lecture à appliquer aux listes d'ouvrages proposés).

L'idéal pour un ouvrage important (constituant la référence dans un domaine ou un TD) ou devant faire l'objet d'une fiche de lecture est de prendre des notes au fur et à mesure de la lecture, chapitre après chapitre pour un livre, paragraphe après paragraphe pour un article. Dans ces notes, on relèvera les idées clés, les définitions, les concepts nouveaux et parfois quelques citations très illustratives.

En marge de cette prise de note classique, on peut ajouter des annotations comprenant les réactions personnelles au contenu du texte (est-ce que cela paraît étonnant, pertinent, obscur, argumenté, etc.) et des références venant à l'esprit au fur et à mesure de la lecture (cela évoque telle théorie, exposée par tel auteur, etc.).

Ce travail d'exégèse permet d'avoir à sa disposition tout un matériel riche et concret au moment de la rédaction, plutôt que des souvenirs imprécis ou des opinions qui obligeront à rouvrir sans cesse le livre lors de la rédaction

La rédaction

Elle varie beaucoup d'un enseignant à l'autre, tant dans sa forme que dans son contenu. Il n'est évidemment plus question d'un commentaire de roman, comportant une étude du déroulement de l'intrigue, du style ou du caractère des personnages, comme c'était le cas au lycée.

Votre rédaction doit respecter la structure de l'ouvrage (chapitres de livre ou paragraphes d'un article) et le développement du propos. Il faut à la fois s'attacher :
• au contenu, ce que l'auteur a voulu démontrer, comment et pourquoi ;
• à la forme, en identifiant les parties et les sous-parties, et en restituant le cheminement de l'argumentation. Dans la mesure du possible, vos critiques et analyses devront donc porter sur ces deux aspects, du contenu et de la forme, et être aussi argumentées que possible.

Argumenter signifie nourrir de précisions et de justifications vos conceptions personnelles. Il n'est plus question de donner votre opinion de façon très subjective (« *j'ai aimé cette partie* » ou « *ce chapitre m'a déplu* »), comme dans les fiches de lecture du lycée. Vos sentiments et convictions à l'égard d'un texte doivent s'étayer de développements rigoureux confrontant les informations contradictoires, soulignant les informations pertinentes, etc.

A l'instar de l'exposé, la capacité de synthèse est centrale dans la rédaction d'une fiche de lecture. Cela suppose tout un travail d'identification des éléments clés, de hiérarchisation de la connaissance et de restitution de celle-ci dans sa cohérence. Vous prendrez également soin de présenter rapidement l'auteur, son époque, ses influences, et de situer l'ouvrage présenté au sein de son œuvre et des théories qu'il défend, ou qu'il a défendues. Cette présentation constitue une bonne introduction à la rédaction, permettant de mieux cerner l'ouvrage et sa portée, pour ensuite être à même d'en mesurer toutes les implications.

5. L'initiation à l'entretien clinique

Toutes les universités ne dispensent pas directement des cours d'initiation à l'entretien clinique lors du premier cycle de psychologie, ceux-ci étant le plus souvent développés lors des enseignements de master. Néanmoins, les techniques et les théories de l'entretien peuvent être abordées dès les premières années du cursus de psychologie, comme compléments à un CM de psychologie clinique, ou plus rarement comme une unité d'enseignement à part entière.

L'entretien clinique est souvent au cœur des enjeux et du questionnement d'un étudiant en psychologie, surtout lorsqu'il en aborde l'aspect pratique au cours d'une recherche ou d'un stage. Comment mener un entretien ? Quelle conduite adopter ? Comment ne pas se montrer trop intrusif et ne pas se laisser envahir par la parole de l'autre ? Les étudiants sont souvent à la recherche de « recettes » ou de garde-fous pour aménager cet espace de spontanéité contrôlée qui menace sans cesse de leur échapper.

Au-delà des considérations théoriques abordant la question des mouvements transférentiels, des contre-attitudes et de la position assumée par le clinicien (ou le jeune étudiant en psychologie), certains aspects techniques demeurent assez largement partagés et vont être ici exposés.

La préparation de l'entretien

Il convient de ne pas se lancer dans un entretien sans avoir réfléchi à ses implications et à ses modalités. La façon d'aborder un individu, les effets du contexte et les caractéristiques inhérentes au clinicien et à son interlocuteur auront une influence sur le matériel recueilli et doivent donc être envisagés au préalable.

La désignation « entretien clinique » n'implique pas que celui-ci doive se limiter aux domaines et objets de la psychologie clinique, mais marque bien davantage une modalité d'approche, un mode d'appréhension du sujet humain. Clinique vient du mot grec « *klinê* », qui signifie « lit », et la « *klinikê* » signifie littéralement « médecine exercée au chevet du malade ». Le clinicien est donc au plus près de l'individu humain, abordé dans sa globalité et sa singularité.

Le matériel recueilli différera beaucoup de celui obtenu à l'issue d'une large étude expérimentale, menée par exemple au moyen de questionnaires adressés par courrier, qui auraient été récupérés et dépouillés. L'entretien clinique implique la mise en présence physique de deux individus, installés dans une interaction où vont s'échanger des signaux verbaux et non verbaux. Le matériel non verbal a une grande importance et le clinicien à l'écoute d'un discours doit aussi rester attentif à un ensemble de signes infraliminaires tels que les mimiques, les gestes, les intonations, les clignements d'yeux ou les respirations, constituant un matériel riche et déterminant dans la connaissance d'un individu.

Le cadre de l'entretien

Le cadre de l'entretien doit avoir été pensé, afin de répondre au mieux aux attentes du clinicien et de son interlocuteur. Un cadre implique à la fois des caractéristiques liées à l'organisation de l'espace, comme la disposition des tables, des chaises et autres meubles, et des caractéristiques liées au temps, concernant la durée et éventuellement la fréquence des entretiens.

L'écoute du clinicien est dite intentionnelle, c'est-à-dire qu'elle est dirigée et qu'elle comporte une finalité. Elle est également basée sur l'empathie, à travers laquelle le clinicien essaie de se mettre dans l'état d'esprit de l'interlocuteur, pour mieux cerner ses émotions et son vécu. Cela ne signifie surtout pas se rappeler que l'on a vécu un jour la même situation, mais bien tenter de vivre avec son interlocuteur celle qu'il vit à présent. L'une des principales difficultés de l'étudiant en psychologie consiste ainsi à ne pas se laisser déborder par son propre vécu et ses propres émotions, que la confrontation à l'autre ne manquera pas de réactiver.

Il est vivement conseillé de prendre beaucoup de notes après l'entretien, surtout s'il s'agit d'un premier entretien avec la personne. Toutes les impressions, mêmes très subjectives, reportées par écrit immédiatement après les avoir ressenties, enrichiront votre analyse ultérieure de l'entretien de détails et de précisions que vous auriez certainement oubliés entre-temps.

La prise de notes durant l'entretien est plus difficile et plus irrégulière. Dans certains cas, vous pourrez prendre quelques notes discrètes concernant des données importantes, en gardant un contact visuel très régulier avec votre interlocuteur. D'une manière générale, privilégiez l'écoute pendant l'entretien, quitte à proposer un enregistrement pour être sûr de ne rien perdre.

Se préparer à un entretien signifie être au clair avec son objectif, savoir ce que l'on veut obtenir et apporter, pourquoi et comment, afin de servir au mieux le sujet. Cette préparation implique également une interrogation éthique et déontologique sur ce qui peut être fait et la façon de le faire. Par exemple, un clinicien mène une recherche sur l'inceste pouvant aider à mieux comprendre les mécanismes d'identification à l'agresseur fréquemment observés. En ce sens, il travaille donc dans l'intérêt des jeunes enfants abusés afin d'améliorer les modalités de leur prise en charge. Lors des entretiens qu'il mène avec ces enfants, il oriente la parole de façon à obtenir une description des scènes d'abus sexuel. Y a-t-il vraiment un bénéfice pour ces individus fragilisés à leur faire revivre des scènes potentiellement traumatiques ? La question reste ouverte et permet au clinicien de justifier au plus près sa démarche. Parfois, il faudra renoncer à l'entretien ou repenser complètement ses modalités.

Pour schématiser, il existe trois grands types d'entretiens, quels que soient les domaines de la psychologie où ils sont employés : l'entretien ouvert, l'entretien semi-directif et l'entretien directif.

Trois types d'entretiens

L'entretien ouvert

Il ne possède pas réellement de schéma préétabli. Aucune question précise ne doit y être posée et le clinicien vient à la rencontre de son interlocuteur sans véritable présupposé concernant ce qu'il voudrait chercher ou trouver.

La parole de l'interlocuteur s'écoule donc assez librement, guidée par des questions ouvertes dont la formulation offre une pluralité de réponses possibles (à l'inverse, des questions fermées entraînent une seule réponse possible, avec une possibilité d'argumentation très limitée).

L'individu ainsi interrogé très ouvertement aura toute latitude pour orienter son discours et ses attitudes. Ce sont dès lors ses choix et ses partis pris qui constitueront une grande part des informations recueillies par le clinicien. Le fait de choisir telle orientation pour une réponse et de la formuler de telle ou telle façon est toujours riche de significations pour comprendre le fonctionnement d'un individu.

Au cours de l'entretien, le clinicien va reformuler à partir du contenu et des modalités d'expression du discours de l'individu et il construira ainsi l'entretien dans un constant aller et retour entre la parole et le comportement de son interlocuteur, d'une part, et ses propres relances visant à approfondir et à préciser ces données, d'autre part.

Un entretien ouvert ne signifie pas un entretien non préparé : une connaissance de l'individu, de sa situation et de sa demande est très utile à la conduite d'un tel entretien. Les effets du contexte doivent être réfléchis et le cadre pensé lui aussi en fonction des caractéristiques de l'entretien. Le clinicien doit toujours savoir pourquoi il mène cet entretien, même si sa motivation peut ne pas apparaître dans le fil de ses interventions.

L'entretien semi-directif

Il est davantage prédéfini. Le clinicien sait où il veut amener son interlocuteur, quelles thématiques il veut lui voir aborder. Il a donc déjà en tête, en arrivant face à son interlocuteur, les notions importantes qui l'ont conduit à décider cet entretien, ou au moins les modalités de celui-ci, et dont l'abord constitue un objectif majeur de l'entretien. Ces notions varieront beaucoup selon qu'il s'agit par exemple d'un entretien thérapeutique ou d'un entretien d'évaluation.

Même si les questions du clinicien peuvent demeurer ouvertes, celui-ci oriente le discours de son interlocuteur vers les thèmes qu'il a prédéfinis, bien souvent par écrit. Chaque question, même assez large, a pour objectif d'aborder ou de préciser certains aspects qui font l'intérêt du clinicien. C'est donc cet intérêt qui détermine à présent l'entretien, et non plus la seule libre parole de l'interlocuteur, comme dans un entretien ouvert.

L'entretien directif

Il est presque entièrement contrôlé par le clinicien. Il est constitué de questions fermées, c'est-à-dire dirigeant l'individu sur un thème précis et induisant des réponses courtes. Un guide d'entretien, appelé aussi grille d'entretien, est le plus souvent construit en préalable à ce type d'interaction. Cette grille se présente sous une forme écrite où les questions sont très clairement formulées, pour atteindre un important degré de précision. L'ordre de présentation et la thématique des questions sont prédéterminés, et suivent un cheminement logique, une question amenant naturellement la suivante.

Le clinicien ne mène pas son entretien assisté de cette grille, comme pourrait le faire une personne administrant un questionnaire, mais la connaît parfaitement au moment de rencontrer son interlocuteur. Il la complétera à l'issue de la rencontre, à partir des réponses qui auront été apportées. Cet aspect très formel de l'entretien facilite le dépouillement et l'analyse du matériel recueilli.

Remarques générales applicables à tous les entretiens

La durée d'un entretien est variable et a tout intérêt à être prédéterminée. Il faut tenir compte des capacités de concentration de l'interlocuteur, de sa disponibilité et de sa réceptivité. Il ne faut pas prolonger un entretien inutilement, même lorsque l'ensemble des thématiques visées n'a pas été abordé.

Le cadre d'un entretien varie considérablement, en fonction à la fois des contraintes du terrain et des présupposés du clinicien. Un entretien se mène le plus souvent en face-à-face, sans lire de questions, et en prenant parfois quelques notes.

Le dépouillement et l'analyse du matériel obtenu sont également très variables et dépendent beaucoup des conceptions théoriques propres au clinicien, ainsi que des dispositions techniques liées à celles-ci. Avec l'accord de l'interlocuteur, on peut choisir d'enregistrer l'entretien au moyen d'un magnétophone ou de le filmer avec un équipement vidéo.

6. Les stages

Comme dans toute autre formation, le stage est essentiel au cours des études de psychologie. Il vous permettra de découvrir différents champs d'application et de pratique en psychologie, et vous pourrez ainsi mieux vous orienter et vous spécialiser au fil de vos études.

Le premier stage n'est pas obligatoire dans toutes les universités dès l'année L3. Toutefois, certaines facultés en demandent un en L3. Nous vous conseillons vivement de commencer les stages le plus tôt possible, qu'ils soient obligatoires ou non. La seule difficulté sera de trouver un lieu de stage qui prenne des étudiants en première ou deuxième année. Mais ne vous découragez pas, il en existe.

Dans certaines universités, un stage en psychiatrie est obligatoire pendant le cursus. Il faudra vous organiser pour en effectuer au moins un durant vos cinq années d'étude. Si vous ne vous sentez pas prêt au début de votre cursus, ne vous précipitez pas et attendez les deux dernières années. Le but n'est pas de vous faire violence, mais de découvrir un aspect essentiel du travail en psychologie, la psychopathologie. Effectuez ce stage quand vous vous sentirez mieux préparé.

La recherche de stage

Quand effectuer son stage ?

Un stage se recherche plusieurs mois à l'avance. En effet, les structures reçoivent de nombreuses demandes et ont besoin de s'organiser. Pour un stage prévu l'année suivante, il est donc préférable d'y penser dès le début de l'année universitaire. Ainsi, vous rechercherez votre stage de L3 dès le milieu d'année de L2. Les entretiens auront probablement lieu en mars ou avril, mais il vaut mieux vous préparer dès le début de l'année : refaites votre CV et vos lettres de motivation, réunissez les adresses d'institutions, téléphonez pour savoir à quel moment les recrutements commencent et à qui adresser le courrier.

Lorsque le stage est facultatif, vous n'aurez certainement pas de temps réservé dans la semaine pour le stage. Vous pouvez donc choisir de l'effectuer pendant les petites ou les grandes vacances. Nous conseillons un minimum de 15 jours à temps plein pour un stage, sachant que le mieux est un mois. Le but est d'avoir un aperçu du fonctionnement d'une institution et du rôle du psychologue. Les stages courts peuvent avoir un aspect frustrant à la fois pour vous et pour l'institution. Il ne faut pas nier les liens et l'investissement qui se passent pendant un stage. Il s'agit de relations humaines et d'un véritable échange. Toutefois, si vous ne pouvez pas faire un stage d'un mois, c'est quand même un bon début pour vous.

Où trouver un stage ?

Le bureau des stages

Dans les universités, le bureau des stages possède un annuaire d'adresses d'institutions et de référents. Consultez-le afin de chercher ce qui vous convient le mieux. Cela peut être un premier point de repère. Toutefois, sachez que des milliers d'étudiants font la même chose que vous et qu'ils auront les mêmes contacts. N'hésitez donc pas à aller vers d'autres sources d'informations.

Les grandes institutions

Hôpitaux généraux et psychiatriques, les grandes institutions recourent généralement à des stagiaires : il suffit de s'y prendre longtemps à l'avance. Vous pouvez appeler le secrétariat général, qui vous donnera les contacts du service concerné.

Les petites structures

Moins connues, elles auront plus de chances d'avoir des disponibilités. Pensez aux associations de votre quartier, dans le domaine de l'éducation, du social et de la réinsertion. Si l'entreprise vous intéresse, pensez aux cabinets de recrutement des grandes ou moyennes entreprises.

Le réseau de contacts

Si vous connaissez des médecins ou des personnes travaillant dans le secteur de la santé, demandez-leur si les services dans lesquels ils travaillent prennent des stagiaires. N'hésitez pas à faire passer votre CV. De même, les autres étudiants vous indiqueront les adresses de leurs précédents stages et les personnes à contacter. Ils pourront également vous donner leurs impressions sur la qualité de leur stage, sur ce qu'ils ont aimé ou pas.

Les associations

Pensez aux nombreuses associations qui se développent. Il y en a beaucoup, plus ou moins grandes et dans divers domaines. Peut-être n'ont-elles jamais reçu de stagiaires, mais sont-elles quand même prêtes à ouvrir leurs portes à un étudiant motivé et curieux. Il faut tenter votre chance en mettant en avant votre enthousiasme et votre bonne volonté.

Internet et les Pages jaunes

Internet et les Pages jaunes vous permettront de trouver des adresses de structures correspondant à ce qui vous intéresse.

Lettre de motivation et CV

Envoyez un curriculum vitae et une lettre de motivation à une personne précise. Pour que votre courrier ne se perde pas dans les différents services, adressez toujours votre courrier à une personne précise. Pour obtenir le nom de ce contact, vous pouvez téléphoner à l'institution. Pensez à bien orthographier le nom de famille et à indiquer le service dans lequel cette personne travaille.

La lettre de motivation

En tant que jeune stagiaire, vos atouts ne se trouvent pas dans votre expérience. Il faut donc mettre en relief votre motivation pour apprendre et votre ouverture d'esprit. Le ton doit être dynamique et enthousiaste pour donner envie de vous rencontrer au moins une fois.

La lettre ne doit pas excéder une page et de préférence être manuscrite, à moins que votre écriture ne soit illisible.

Les étapes de la lettre peuvent être les suivantes :

- introduction. Pourquoi j'écris ?
- présentation de votre situation. Qui suis-je ?
- pourquoi j'ai envie de découvrir ce domaine, ou mon expérience passée dans ce domaine en question ;
- ce que je peux apporter en tant que stagiaire et ce que j'attends du stage ;
- conclusion. Concluez votre lettre par une phrase sincère et pas trop conformiste.

Le curriculum vitae

Le curriculum vitae suit votre lettre de motivation et doit être en cohérence avec elle.

Remarques générales

Sachez cibler votre curriculum vitae en fonction de l'établissement pour lequel vous postulez. Vous n'allez pas mettre en valeur les mêmes choses si vous postulez dans un établissement avec une population d'enfants, d'adultes ou de personnes âgées, ou si vous postulez dans les secteurs de la justice, de la santé ou du travail.

Puisque votre expérience est minime dans le domaine que vous voulez approcher, développez les parties où vos qualités personnelles, notamment dans le domaine des relations humaines, ont pu s'exercer.

Certaines parties du CV ne doivent pas être bâclées. N'oubliez pas que vous cherchez un poste dans le secteur des sciences humaines : toutes vos expériences mettant en jeu les relations interpersonnelles sont à mettre en valeur. Tout ce qui dans votre formation ou vie professionnelle passée (même vos jobs d'été) a un lien avec la communication ou les relations humaines doit être mis en avant. Par exemple, une formation au Bafa, des sports collectifs, des séjours à visée humanitaire, bénévolat dans une association, etc.

Il n'y pas de véritable norme établie pour élaborer un CV, toutefois sa qualité essentielle doit être la clarté. En effet, l'employeur ne doit pas faire d'effort pour découvrir votre parcours et vos compétences. Il doit être séduit et non pas énervé parce qu'il ne comprendrait pas. Pour cela, il faut être concis, logique et organisé.

Les différentes étapes de l'élaboration du CV

Présentation de l'état civil : nom, prénom, nationalité, âge et état marital.

Votre formation : dans un ordre chronologique décroissant (le plus récent en haut de la page), présentez l'année de vos études, l'établissement, le diplôme obtenu et la mention éventuelle. Si vous avez suivi une formation spécialisée après votre cursus universitaire, vous pouvez la mentionner dans cette partie. Si vous en avez suivi plusieurs, vous pouvez créer une autre partie.

Votre expérience professionnelle : dans la même logique chronologique que pour la formation, présentez vos diverses expériences dans le domaine de la psychologie ou du social, en commençant par la plus récente. Cela peut être des petits jobs d'été ayant un rapport avec les relations humaines ou du bénévolat dans une association. Par ailleurs, en plus de la date et du lieu de votre activité (stages, emplois), indiquez votre statut, votre poste et résumez brièvement le contenu de vos tâches.

A noter : moins votre CV est fourni en expérience et plus votre lettre de motivation doit être convaincante sur vos qualités personnelles et votre enthousiasme.

Sachez également que les stages dans le domaine de la santé ou du social ne sont généralement pas rémunérés. Par contre, en entreprise ou dans un cabinet de bilan psychologique, ils le sont plus fréquemment.

La supervision de stage

Si le stage est obligatoire en L3, vous aurez un cours appelé supervision de stage. Ainsi, en petits groupes animés par un clinicien, une fois par semaine, vous serez invité à parler de vos expériences sur votre lieu de stage. C'est l'occasion d'évoquer les problèmes rencontrés, vos interrogations sur l'institution et la pratique du psychologue. Le but est de mieux vivre votre place de stagiaire.

La place de stagiaire n'est pas toujours évidente. Certains lieux de stage délimitent clairement le cadre et la fonction du stagiaire, mais d'autres encadrent moins bien le stagiaire, qui doit alors créer sa place. Parfois, il joue un rôle de véritable professionnel ou à l'inverse, il peut être laissé de côté et ne participer à rien. Ces cas sont rares et il faut savoir en parler avec le maître de stage. Le clinicien chargé de votre supervision saura vous conseiller sur la façon d'aborder les choses sur le lieu de stage. Il ne faut donc pas hésiter à poser des questions et à exprimer votre ressenti. C'est souvent en évoquant ce qu'on ressent sur le lieu de stage que l'on devient capable d'analyser les dysfonctionnements de son rôle. Cela vous aidera à voir la part de responsabilité de l'institution et la vôtre. Ainsi, vous vous dévaloriserez moins.

La relation avec l'équipe qui vous encadre sur le lieu de stage est très importante. C'est en général ce qui va faire que vous aimerez ou pas cette expérience. Tentez de comprendre à quelle place on vous attend pour être plus en accord avec l'équipe. Si cette place ne vous satisfait pas, essayez d'en changer peu à peu en parlant avec l'équipe. Mais ne tentez pas dès le premier jour d'imposer votre présence là où elle n'est pas souhaitée. Ainsi, même si vous avez l'impression de ne rien faire, sachez que la place d'observateur est une bonne place pendant la première semaine. Elle vous permet de repérer le fonctionnement de l'institution, le rôle de chacun et la place que vous pouvez prendre.

Le stage est la meilleure des formations. Il ne faut donc pas hésiter à multiplier ces expériences et à s'y investir pleinement. C'est la meilleure façon de découvrir ce qui vous intéresse et vous convient le mieux. Ainsi, vous saurez vers quel genre d'institution et de population vous tourner lorsque vous aurez terminé vos études.

Le projet d'une Université ouverte sur le monde professionnel

La crise des étudiants diplômés sans emploi (surtout en psychologie !) a lancé une réflexion sur le manque d'ouverture du monde universitaire par rapport aux attentes des milieux professionnels.
Dans la majorité des universités, aucun stage n'est obligatoire en premier cycle de psychologie, ce qui laisse souvent les étudiants impatients, et incertains quant à leur choix, tant que « l'épreuve du feu » n'est pas faite. On peut donc conseiller à ceux-ci de faire des stages sans attendre, mais ce sont de belles paroles : les démarches sont très difficiles et peu soutenues par l'actuel système universitaire.
Le projet d'une Université professionnalisante est heureusement enfin en chantier, afin d'instaurer un véritable dialogue entre les responsables de formation et les futurs employeurs. Dans cette perspective, les stages devraient être plus nombreux et plus faciles à trouver.
Il s'agit d'un débat encore agité, l'indépendance de l'Université y étant aussi en jeu, celle-ci craignant à terme de se voir imposer ses contenus par les lois du marché. Une plus grande réflexion sur l'insertion et la communication avec les partenaires du monde professionnel ne pourra néanmoins qu'être bénéfique aux étudiants.

7. L'initiation à la recherche et l'après premier cycle

Dès la première année

Depuis l'instauration des LMD, certaines universités proposent aux étudiants de s'interroger dès la première année d'étude sur leur projet professionnel. Il s'agit de s'assurer de la pertinence de leur orientation, de leur permettre de se projeter dans leur futur métier en effectuant eux-mêmes une courte recherche et de réorienter plus rapidement ceux qui vont finalement privilégier d'autres voies.

Les crédits capitalisés en LMD permettent en effet des passerelles vers d'autres disciplines (surtout quand elles appartiennent à un même champ, ici les sciences humaines) en fin de première année ou même en fin de premier semestre.

L'université Paris V propose par exemple le module « Méthodes et pratiques professionnelles des psychologues » (MPPP1) dans lequel vous devez rédiger un court mémoire décrivant le cursus souhaité en fonction de la profession particulière que vous projetez d'exercer. C'est alors l'occasion de mieux cerner les différents champs d'application de la psychologie (dont les apports pourront servir un futur enseignant ou un futur éducateur par exemple) et de formuler des aspirations réalistes (le métier de « profiler », qui fait rêver tant d'étudiants, se révèle ainsi un mythe surtout construit par les médias).

Par ce tout premier travail de recherche, à l'appui d'articles spécifiques et d'entretiens avec des professionnels, vous travaillez votre propre désir, découvrez d'emblée certains détails d'un métier qui vous attire (modalités d'exercice auprès des enfants autistes par exemple) et prenez la mesure du chemin à parcourir pour réaliser votre aspiration.

D'une façon générale, on ne peut que vous encourager à utiliser les Centres d'information et d'orientation (CIO) de votre université pour cerner rapidement les enjeux de vos choix d'études.

Le TER

Le TER (travail d'étude et de recherche) est un cours de L3 qui vise à vous initier à la recherche dès le début de votre cursus. En effet, en master, vous aurez un important mémoire de recherche à effectuer et le but du TER est de vous y préparer.

Vous pouvez choisir un thème de recherche parmi une liste. Les thèmes sont généralement très variés, couvrant les différents domaines de la psychologie sociale, clinique, psychopathologie et cognitive. Voici quelques exemples de sujet de TER : « Problématique psychotique à l'adolescence », « Psychopathologie du somatique », « Clinique de la première enfance », « Approche différentielle du développement cognitif », « Ergonomie et risque professionnel ».

Vous devez donc faire un travail de recherche en lien avec le thème choisi. Le sujet étant vaste, vous disposez d'un grand choix de problématiques de recherche au sein même de ce thème. Vous apprenez la démarche de recherche avec ses différentes étapes. Ainsi, vous devez établir une problématique, des hypothèses, et prévoir une méthode de validation de ces hypothèses. Vous apprenez à découvrir et à présenter un corpus théorique déjà existant sur le thème. Puis vous dégagez une question essentielle, la problématique. Pour y répondre, vous mettez en place plusieurs hypothèses concrètes auxquels vous essayez de répondre une à une grâce aux résultats de votre enquête.

Bien sûr, on vous demande une enquête empirique, qui consiste à aller sur le terrain, auprès d'un échantillon de population choisi et contrôlé. Grâce à une méthode d'investigation que vous aurez choisie en fonction des données à recueillir et du type de population, vous récolterez des résultats à analyser. La méthode est bien entendu différente selon que vous interrogerez des enfants ou des adultes, un petit ou un grand échantillon. La population peut être celle de votre stage si vous en effectuez un et qu'il correspond à votre thème de TER. Sinon, vous devrez trouver votre population ailleurs.

Vient ensuite l'analyse des résultats, qui peuvent être quantitatifs ou qualitatifs (dessins, entretiens ou tests psychométriques). Le dépouillement des données est donc différent selon la nature de ce que vous aurez récolté. S'ils ont une valeur quantitative, vous pourrez établir des statistiques et les mettre en valeur dans des tableaux et schémas.

Grâce à l'analyse de ces résultats, vous pourrez répondre une à une à vos hypothèses, puis donner une conclusion à votre problématique. Vous rédigerez cette présentation en une dizaine de pages.

Cette démarche est l'une des démarches de la recherche et elle vous entraîne à la rigueur et aux méthodes en recherche clinique. Même si le mémoire de TER est assez court, c'est aussi un bon exercice de rédaction et de synthèse. De plus, cela fait partie des cours les plus concrets de votre L3, ce qui est agréable au milieu de tous les cours théoriques.

L'après premier cycle

Durant votre licence de psychologie, vous devez réfléchir à vos futures orientations et aux débouchés professionnels qui vous intéressent. Ce premier cycle ouvre l'accès aux masters de psychologie, qu'ils soient professionnels ou de recherche, mais permet également de s'orienter vers d'autres disciplines.

La licence de psychologie prépare notamment à l'entrée à l'IUFM, et certaines universités proposent même dès la première année du cycle de psychologie un enseignement destiné aux étudiants souhaitant devenir professeurs des écoles.

Vous pouvez également choisir de vous professionnaliser plus rapidement, avant même d'avoir achevé votre premier cycle de psychologie : des passerelles sont ainsi aménagées vers les Deust après validation de la L1, vers les IUP après validation des L1, L2 ou L3, et vers une licence professionnelle après validation de la L2.

Les concours d'accès aux écoles de formation sociale sont également possibles en cours de cycle ou après l'achèvement de celui-ci : vous pouvez ainsi postuler pour devenir assistant des services sociaux, éducateur spécialisé ou éducateur de jeunes enfants.

Pour ceux qui souhaitent poursuivre plus loin, en général jusqu'à l'accès au titre de psychologue, il faudra choisir un master correspondant à la spécialisation qui sera la vôtre. Renseignez-vous toujours avant de vous inscrire, car certains masters professionnels M2 (anciens DESS) ne donnent pas accès au titre de psychologue.

A noter : vous trouverez en annexe la liste de tous les masters professionnels et de recherche existant dans les universités françaises.

PARTIE II

LA PSYCHOLOGIE DE L'ENFANT

Il est indispensable et impératif de différencier les trois domaines que sont la psychologie de l'enfant, la psychologie génétique et la psychologie du développement. Cette distinction est loin d'être un luxe conceptuel, dans la mesure où il ne faut pas confondre une discipline et une méthode d'étude.

La psychologie de l'enfant apporte à la psychologie générale le sens de la construction de l'être. Elle est une intention holistique qui appréhende l'enfant dans sa globalité et qui recouvre des activités et des disciplines diverses. Elle peut être considérée soit comme une pratique et dans ce cas, on parle de psychologie appliquée (par exemple un examen psychologique de l'enfant), soit comme une science ou une recherche fondamentale et c'est alors une connaissance de l'enfant pour lui-même qui est visée.

La psychologie génétique n'est pas une discipline, mais une méthode d'étude qui contribue à enrichir les connaissances sur l'enfant et sur les dimensions évolutives de sa conduite et de son comportement psychologique. Elle a pour but d'expliquer le fonctionnement psychologique humain par l'étude du développement et de la mise en place des conduites chez l'enfant puis chez l'adolescent et, pourquoi pas, chez l'adulte. La psychologie génétique introduit un morcellement dans la vision de l'enfant car elle s'applique à différents secteurs que sont le développement moteur, social, intellectuel et affectif. Cette méthode d'étude comporte (ou présente) le risque de rester uniquement centrée sur la variable âge, en oubliant l'importance des autres variables comme le sexe, la catégorie socioprofessionnelle, etc.

Il convient de noter le postulat de base de la méthode génétique, selon lequel il est plus aisé de saisir les mécanismes du fonctionnement d'une entité si l'on en suit pas à pas le développement, plutôt que d'envisager son état final.

En théorie, ces deux orientations que sont la psychologie de l'enfant et la psychologie génétique sont différentes, mais en pratique, elles s'influencent, s'interpénètrent et se nourrissent l'une de l'autre.

Si l'on considère le développement comme l'histoire des changements dans la conduite d'un individu, alors la psychologie du développement aura pour objectif l'analyse des mécanismes de ces changements, d'une part, et la réunification des savoirs offerts par la psychologie de l'enfant et par la méthode génétique, d'autre part.

Les débuts de la psychologie du développement remontent au XIXe siècle : c'est au début de ce siècle que l'étude méthodique de l'enfant se développe.

Progressivement, deux méthodes d'études vont naître :
• les monographies bibliographiques, sous la forme d'un journal d'enfant ;
• les enquêtes.

C'est au XXe siècle que la psychologie de l'enfant est considérée comme une discipline scientifique dans le champ des sciences humaines.

1. Les grandes perspectives du développement psychologique

L'approche maturationniste

C'est une approche qui s'inspire de la doctrine du préformisme biologique, selon laquelle tous les organes et tous les caractères des êtres vivants existent dès la naissance et ce, à l'état de préformation. Ainsi, le développement ne serait que le déploiement d'un organisme fondé dès la naissance.

Ce point de vue ne considère pas comme exclusif mais prévalant le rôle de la programmation héréditaire. Ainsi, les processus de maturation, qui représentent l'ensemble des facteurs internes qui président à la croissance, s'inscriraient dans le patrimoine héréditaire de l'individu et ne seraient pas soumis à l'environnement.

Ce courant maturationniste renvoie à Arnold Gesell, qui, dans les années 1930-1940, établit une classification des performances de l'enfant aux différents âges où le seul concept est celui de la croissance en elle-même. Il met en évidence l'inutilité des apprentissages précoces, en utilisant « la méthode des jumeaux » : il apprend à une seule des jumelles, âgées de deux ans, à monter et à descendre des escaliers et il observe qu'au bout de quelques semaines, la jumelle non entraînée a rattrapé son retard.

Dans cette approche maturationniste, l'expérience n'est pas nécessaire : en fait, l'existence d'un ordre séquentiel fixé d'apparition des comportements serait le reflet d'une programmation interne semblable aux processus de croissance physiques et les variations interindividuelles, le reflet des différences innées.

Le béhaviorisme

Le béhaviorisme est une théorie qui fait consister la psychologie dans l'étude scientifique et expérimentale du comportement, sans recours à l'introspection, ni aux explications d'ordre physiologique, ni à la psychologie profonde.

Le béhaviorisme est né en réaction à la méthode introspective utilisée lors de la fondation de la psychologie expérimentale dans la seconde moitié du XIXe siècle. Considérant qu'on ne peut accéder aux états mentaux, il s'agit d'étudier l'individu à partir de son comportement. En 1913, John Broadus Watson (1878-1958) fonde l'école béhavioriste. Il systématise ce point de vue en développant le béhaviorisme méthodologique s'exprimant dans un souci d'objectivité et de scientificité. Pour les béhavioristes, seule l'étude des faits observables par tous, en excluant toute expérience subjective, semble possible.

Dans cette approche, l'enfant est considéré comme une entité organique en interaction constante avec son environnement. Les interactions sont expliquées en termes de mécanismes de conditionnement et de contrôle du comportement. L'environnement va fournir à l'enfant des modèles à imiter et distribue des renforcements positifs ou négatifs.

L'interactionnisme

Selon cette perspective, il est important de prendre en considération à la fois la structure de l'organisme et celle de ses actions, si l'on veut comprendre l'influence de l'environnement.

Cette théorie admet une concomitance des processus de la conscience et de l'organisme par une relation de cause à effet réciproque. Elle considère aussi qu'il n'y a pas de causalité stricte entre l'inné et l'acquis, mais une interaction de la maturation endogène et des relations à l'environnement physique ou social.

La psychanalyse

C'est une théorie systématique du développement de la personnalité qui va dominer la première moitié du XXe siècle.

Selon Freud, l'enfant est porteur de pulsions contradictoires et se trouve engagé à la fois dans des relations d'amour et de rivalité avec son entourage. Il décrit trois stades de développement libidinal :

- le stade oral (de 0 à 12 mois). L'enfant porte tout à sa bouche : les différentes formes d'incorporation du sein maternel et de ses substituts prédominent. A ce stade, l'évolution de la relation d'objet est marquée par le passage du narcissisme primaire (état de non-différenciation entre la mère et l'enfant) au stade anaclitique de relation à l'objet partiel ;
- le stade anal (de 2 à 3 ans), caractérisé par la maîtrise et le contrôle des sphincters ;
- le stade phallique (de 3 à 4 ans). L'enfant découvre ses organes génitaux et ceux des autres par autoérotisme et fait la différence entre les sexes. La satisfaction provient de l'érotisme urétral et de la masturbation.

Viennent ensuite :
- le complexe œdipien ;
- la phase de latence (de 6 ans à la puberté), considérée comme le déclin du conflit œdipien et où la sexualité est mise en veille. Elle se caractérise par une rémission de l'activité sexuelle, par l'intégration des valeurs morales et sociétales, comme la pudeur, et par le développement des intérêts intellectuels ;
- la puberté.

L'approche constructiviste

Cette approche est souvent associée à la théorie de Jean Piaget. Elle considère que si tout être vivant contient les caractéristiques de son espèce, si les étapes de la croissance sont partiellement programmées et si les structures psychologiques sont solidaires de l'organisme physique, alors l'enfant ne peut se développer que grâce à sa propre activité, à ses actions et à ses échanges avec l'environnement.

2. Le développement psychomoteur

L'étude du développement moteur, psychomoteur ou sensori-moteur présente la particularité de se concentrer sur les acquisitions et les organisations de la prime enfance. Elle peut être abordée en distinguant diverses fonctions de la motricité :

- la fonction effectrice, qui met en jeu l'activité posturale, l'activité cinétique (le mouvement) et l'activité manipulatoire. Elle permet des activités finalisées telles que la locomotion, la préhension ou l'écriture ;
- la fonction expressive et communicative, représentée par les gestes, les mimiques, les postures qui permettent d'exprimer des besoins, des émotions et des réactions devant des situations diverses. Cette fonction est très importante dans le développement social du bébé ;
- la fonction évocatrice, qui permet d'évoquer des personnes ou des situations en leur absence, en les figurant ou en les reproduisant (imitation, simulacre, etc.). Cette fonction est importante dans le développement intellectuel de l'enfant.

La motricité est un terme générique qui renvoie :

- au tonus ;
- à la posture ;
- au mouvement.

Le tonus

Définition

Il s'agit d'un état permanent du muscle permettant à certaines parties du corps d'être immobiles pour servir de support aux autres parties en mouvement. Il constitue la toile de fond des activités motrices et posturales par son état de tension légère et de résistance à l'étirement, caractéristiques des muscles du squelette. Il prépare le mouvement, fixe l'attitude, sous-tend le geste et maintient l'équilibre ou la statique.

Le tonus musculaire est une fonction tonique constituant la trame de tous les mouvements. On distingue le tonus de base (tonus habituel d'un individu au repos) et le tonus d'action dans la réalisation d'une activité.

Le tonus et la posture évoluent au cours des premières années de la vie grâce à la maturation du système nerveux. Ainsi l'évaluation du tonus chez le nourrisson va-t-elle nous permettre d'apprécier l'âge maturationnel et constituer le principal indice pour détecter les anomalies éventuelles du système nerveux.

En 1949, André Thomas et Ajuriaguerra distinguent trois épreuves cliniques permettant d'apprécier l'état du tonus :

- la consistance du muscle, évaluée par la pression du muscle entre le pouce et l'index ;
- l'extensibilité du muscle, constituée par la plus grande longueur que l'on peut lui imprimer en l'éloignant de ses insertions. C'est l'angle que prennent les deux segments autour de l'articulation qui donne la mesure de l'extensibilité ;
- la passivité (ou le ballant), estimée par la plus ou moins grande résistance qu'oppose le muscle à son étirement.

L'aspect du tonus in utero

Le stade myogène s'étend du quarantième au soixantième jour de grossesse, où l'événement d'un tonus musculaire et de mouvements quasi microscopiques est observable.

Jusqu'à la vingt-huitième semaine, le fœtus est relativement mou : on dit qu'il est hypotonique. Un fœtus de 37 semaines ne diffère guère du nouveau-né sur le plan du tonus musculaire.

L'évolution du tonus après la naissance

L'état tonique et la posture sont des indices remarquables de l'âge maturationnel du nouveau-né. Un bébé de quatre semaines ne ressemble plus à un nouveau-né : il n'est plus aussi hypotonique et les muscles de son corps acquièrent une tonicité supérieure. Les muscles se contractent dès que l'on porte le nourrisson et la tête est moins ballante. Cette évolution tonique du corps de l'enfant n'est pas homogène : alors que le tonus axial (tronc, cou) va augmenter, le tonus des membres fléchisseurs va diminuer.

Peu à peu, l'enfant va parvenir à la station assise, puis debout. Les activités deviennent de plus en plus fines car l'évolution motrice est étroitement liée à l'évolution tonique.

La posture

C'est la mise en forme du corps dans des attitudes permises par l'immobilisation de certains segments dans des positions déterminées. La posture dépend du tonus et durant les premières semaines de la vie, la posture va se confondre avec le tonus.

Depuis Gesell (1953), l'évolution du développement posturo-moteur se décrit selon deux lois :

• la loi céphalo-caudale, qui correspond à la loi de progression du corps. Le système nerveux est à la base de cette loi qui indique que le contrôle moteur et postural se développe du haut vers le bas du corps (maintien de la tête, station assise sans appui, position debout d'abord avec appui, puis sans) ;

• la loi proximo-distale. Le contrôle moteur et postural se fait de la partie la plus proche de l'axe du corps vers les parties les plus distales, de l'axe corporel vers la périphérie. Sur un plan fonctionnel, il existe deux modalités d'activités posturales :

- l'activité posturale anti-gravitaire, responsable des réactions d'équilibration, du positionnement des différentes parties du corps permettant la station érigée (assis, debout), de son maintien et de sa stabilité ;
- l'activité posturale directionnelle, responsable de l'orientation du corps ou de certaines parties, en direction d'une stimulation.

La posture peut s'étudier selon deux plans :

• le plan frontal, qui nous renseigne sur l'asymétrie ou la symétrie des membres supérieurs et inférieurs entre eux ;

• le plan sagittal, qui nous renseigne sur la part d'extension ou de flexion.

Le mouvement

C'est un acte involontaire ou délibéré coordonné (on parle de décharge motrice lorsque cet acte n'est pas coordonné). Il s'agit d'une composition complexe d'immobilisation ou de déplacement qui ne peut se développer qu'à partir d'une activité tonico-posturale de maintien. Un mouvement aboutit donc à une action effective ou à une prise d'attitude.

Les réflexes

Définition

Dès la naissance, il existe un grand nombre de mouvements que l'on nomme les automatismes primaires ou les réflexes archaïques et qui disparaîtront au cours des trois premiers mois de la vie. Ce sont des réactions motrices obtenues en réponse à des stimulations sensorielles ou variées, qui se manifestent de manière stéréotypée. Les réflexes constituent un indice de normalité neurologique et leur persistance serait pathologique.

Deux sous-catégories de réflexes

Les réflexes dont le rôle n'est pas déterminé dans le développement ultérieur

• *Le réflexe de Moro* : c'est le plus typique de cette période de développement. Si l'on frappe sur l'oreiller, l'enfant étend les bras, puis il les ramène en formant un arc de cercle. L'observation d'enfants prématurés montre que ce réflexe existe avant la naissance et la persistance de ce réflexe au-delà du quatrième mois est pathologique. C'est un réflexe primitif qui se réintégrera dans un réflexe défensif comme le sursaut.

• *Le réflexe de redressement* : si l'on exerce une pression sur la voûte plantaire de l'enfant sur un plan rigide, l'enfant a tendance à étendre les segments inférieurs. Ce réflexe fait partie du réflexe de la marche automatique et disparaîtra vers le troisième mois, mais réapparaîtra sous une forme plus élaborée chez un enfant capable de se redresser.

• *Le réflexe de la marche automatique* : si l'on maintient l'enfant sous les aisselles et qu'on l'incline vers l'avant, l'enfant développe une marche qui ne s'accompagne pas d'équilibration. L'absence de ce réflexe chez un enfant de moins de six semaines et sa persistance au-delà de sept mois est pathologique.

• *Le* grasping *réflexe* : il se décompose en deux parties :
- le réflexe de préhension, où l'enfant va vouloir se suspendre à nos doigts ;
- le réflexe d'agrippement. Si l'on chatouille la paume de la main de l'enfant, il referme sa main. Si l'on essaie de le tracter, il renforce sa prise. Ce réflexe va disparaître vers un an. Lorsqu'un nouveau-né tient quelque chose dans sa main, il ne sait pas comment le lâcher, il suffit alors d'appuyer sur le dos de sa main.

Les réflexes s'intégrant, se transformant dans des formes de comportement plus complexes et même volontaires

• *Le réflexe de fouissement ou le* rooting *réflexe :* il est provoqué par la stimulation du tour de la bouche et de la peau des lèvres. Il correspond à l'avancement des lèvres en direction de la stimulation.

• *Le réflexe de refoulement de la langue* : l'enfant rejette l'aliment solide ou le petit objet avec sa langue.

• *Le réflexe de succion et de déglutition* : il va permettre à l'enfant d'avaler sa nourriture.

• *Le réflexe des points cardinaux* : l'enfant va s'orienter en direction de la stimulation.

Des comportements présents dès la naissance et qui vont évoluer

Tous ces réflexes témoignent de la présence de certains comportements dès la naissance qui sont orientés vers des activités consommatoires adaptatives. Ce sont des paliers de développement fonctionnel. Les réflexes archaïques disparaîtront et d'autres réapparaîtront, réintégrés dans des conduites plus élaborées que sont les automatismes primaires.

Si l'on se place au niveau de la valeur adaptative et fonctionnelle, on note trois types de réactions :
• les réflexes de protection et d'évitement (refoulement de la langue, clignement de l'œil si jet d'air) ;
• la réaction d'adaptation du tonus postural, ou réaction qui réalise des formes élémentaires de locomotion (*grasping* réflexe) ;
• la réaction à des stimuli (réflexes d'orientation vers des stimuli qui jouent un rôle dans l'alimentation).

La motricité à fonction effectrice est la fonction des mouvements permettant l'exploration des propriétés de l'environnement social et physique et l'exécution de ses différentes actions. Cette motricité, qui aboutit à l'acte de saisie volontaire, va mettre en jeu l'activité :
• tonico-posturale ;
• tonico-cinétique ;
• tonico-manipulatoire.

La préhension

Définition

La préhension est un acte complexe qui nécessite chez l'enfant une position des mains et une coordination physio-manuelle et physiomotrice. Le mouvement est réglé suivant la distance de l'objet à ses yeux. Ainsi, la préhension déclenche un mouvement réglé et orienté en fonction d'un but à atteindre. La préhension est aussi permise grâce au guidage visuel.

La préhension nécessite certaines conditions comme une évolution du *grasping* réflexe, du tonus de la main et de l'activité posturale antigravitaire et directionnelle, qui va permettre un positionnement plus adapté des organes de préhension.

La préhension nécessite l'approche de l'objet qui implique la mise en jeu progressive de l'épaule (approche par balayage vers cinq ou six mois), du coude (approche parabolique vers sept mois) et du poignet (approche directe).

Les différentes étapes de la saisie

La saisie proprement dite passe par plusieurs étapes au cours desquelles la position de l'objet dans la paume de la main va évoluer :
• la saisie cubito-palmaire (entre 20 et 28 semaines). L'objet est saisi par les quatre derniers doigts et grâce à l'hypothénar, muscle de l'angle de la main à l'auriculaire. C'est un mouvement de ramassage avec la partie externe de la main pour ramener l'objet dans la paume ;
• la saisie digito-palmaire (entre 28 et 32 semaines). C'est une préhension où le pouce et l'index sont exclus. L'objet est coincé par le pouce dans la paume de la main ;
• la saisie radio-digitale (vers 36 semaines). L'objet est situé entre le pouce et l'index.

La saisie implique quatre phases soumises à la coordination visuo-manuelle :
• l'orientation vers l'objet ;
• le transport de la main ;
• le réglage du mouvement en fonction de la distance ;
• le freinage à l'approche de l'objet.

Selon le nombre de mois de l'enfant, celui-ci peut exécuter ou non certaines actions :
• vers 3 ou 4 mois, l'indépendance qui existait entre les deux mains cesse, pour aboutir à une coopération, une coordination entre les deux membres ;
• vers 5 mois, on observe une manifestation diffuse du tonus, qui empêche l'enfant de prendre un objet différent dans chaque main ;
• vers 6 mois, l'enfant dépasse ce stade de compétition tonique (il peut même passer un objet d'une main à l'autre) et la dominance latérale commence à émerger ;
• vers 10 mois, l'enfant vide et remplit des contenants. Il peut appuyer sur des boutons ;
• vers 24 mois, l'enfant peut faire tourner des objets, positionner des cubes et les encastrer. Il parvient à monter, à descendre un escalier debout et il peut aussi sauter, taper dans un ballon ;
• vers 3 ans, l'enfant est capable de faire du tricycle et de s'habiller seul.

La main va permettre des actes élémentaires qui vont mener à des praxis que l'on peut définir comme une organisation de mouvements en gestes, des systèmes de mouvements coordonnés en fonction d'un résultat ou d'une intention.

La locomotion

On distingue plusieurs étapes dans la locomotion.

Le déplacement au sol

La reptation, vers 5 mois : l'enfant rampe au sol en s'appuyant sur ses membres supérieurs, il se tracte sans aucune poussée des membres inférieurs.

La propulsion, vers 8 ou 9 mois : c'est la marche à quatre pattes. Il s'agit de l'action alternée des membres supérieurs, qui sont tendus, et des membres inférieurs, qui sont fléchis.

La marche est une acquisition fondamentale, qui se fait avec joie et exubérance, et qui donne à l'enfant la possibilité de nouvelles découvertes de l'espace. Elle permet une meilleure individualisation de la personne et une meilleure représentation de soi.

La marche bipède

Vers 8 ou 9 mois, l'enfant se tient debout avec un appui. En se tenant, il lui est possible d'avancer, un pied l'un après l'autre.

Vers 10 mois, l'enfant marche en étant tenu par les deux mains. Cette possibilité découle de l'évolution de la force musculaire et d'un début d'équilibration.

Vers 12 mois, l'enfant marche s'il est tenu par une seule main. Puis il se lâchera et fera ses premiers pas indépendants en adoptant une position particulière (buste et bras en avant afin de prévenir la chute, jambes fléchies et écartées, marche précipitée sur la pointe des pieds qu'il regarde).

La marche digigrade

Vers 13 ou 15 mois, l'enfant va utiliser le talon au lieu de la pointe des pieds qui se rapprochent, ce qui va lui permettre de gagner en équilibre.

Vers 18 mois, l'enfant acquiert une marche aisée et bien rythmée sur une surface plane. Il va pouvoir trotter, puis effectuer des petits sauts, pivoter sur un pied et changer de direction. Enfin, il acquiert la possibilité de descendre (vers trois ans) et de monter les escaliers (entre deux et six ans).

La latéralité

Définition

La latéralisation ne fait pas référence à un état, mais elle indique une construction progressive. C'est un processus dynamique qui va permettre d'aboutir à un état qui est la latéralité de l'individu. C'est l'un des éléments organisateurs de l'activité motrice qui introduit une spécialisation et une complémentarité des segments du corps lorsqu'ils agissent de façon à réaliser un acte moteur.

La latéralité va déterminer la prédominance fonctionnelle d'un côté du corps sur l'autre.

Trois types de latéralité

La latéralité d'usage

Elle est détectée par l'observation des actes moteurs courants de l'enfant (comportements vis-à-vis des objets et de son propre corps) : c'est la dominance manuelle.

La latéralité fonctionnelle

Elle est sensiblement la même que la latéralité d'usage, mais on va observer aussi les actes moteurs de l'enfant dans des épreuves stéréotypées non courantes, standardisées : c'est la dominance manuelle, visuelle, auditive et des membres.

A noter : ces deux premières latéralités se caractérisent par la prévalence d'un hémicorps sur l'autre dans l'exécution de certaines actions.

La latéralité neurologique

Elle renvoie à l'étude du tonus et du contrôle moteur. On parle de latéralité neurologique lorsqu'elle est établie sur des activités qui relèvent directement d'un meilleur contrôle du système nerveux central d'un côté du corps par rapport à l'autre ou d'une coordination asymétrique du geste due à l'organisation neurologique elle-même.

Manifestement, il existerait un déterminisme génétique lié à la constitution de la latéralité et un déterminisme environnemental qui agit sur la latéralisation. Les latéralités fonctionnelle et neurologique sont intimement liées et contribuent à la latéralisation de l'individu.

Les formes de latéralité

La latéralité peut être plus ou moins marquée chez les individus :
• latéralité franchement à droite avec l'utilisation de l'hémisphère droit ;
• latéralité franchement à gauche avec l'utilisation de l'hémisphère gauche ;
• latéralité croisée ou mixte. Dans ce cas, si l'œil directeur est le gauche, alors l'hémicorps droit sera sollicité ;
• absence de latéralité. Ce sont les personnes dites ambidextres.

La latéralité peut s'observer par l'étude :
• du tonus de fond. Le ballant est moindre du côté dominant ;
• du tonus d'action ;
• du contrôle moteur. On propose à l'enfant un ciblage avec l'index.

L'évolution de la latéralité

En moyenne, un bébé couché sur le dos oriente sa tête vers la droite dans 80 % des cas.

Vers 12 mois, une certaine préférence d'utilisation va se dégager chez l'enfant, mais la latéralité peut être variable jusqu'à l'âge de cinq ans.

3. Jean Piaget : le développement cognitif

A l'origine biologiste, Jean Piaget (1896-1980) étudie le développement de la connaissance chez l'enfant comme une construction de normes cognitives. Il s'attache à décrire l'évolution du développement cognitif à partir de l'observation directe de l'enfant et par l'étude longitudinale de l'évolution des diverses stratégies que celui-ci utilise pour résoudre un problème expérimental. La théorie piagétienne est une théorie constructiviste qui postule que le réel se construit grâce à l'action.

Chez Piaget, l'intelligence est une notion biologique. Les mécanismes intellectuels s'inscrivent dans le prolongement des mécanismes biologiques, au sein de la relation entre l'individu et l'environnement. L'équilibration, c'est-à-dire l'adaptation réussie d'un individu à son environnement, va dépendre de la synthèse des deux processus que sont l'assimilation, action de l'organisme sur les objets qui l'entourent, et l'accommodation, actions du milieu extérieur sur l'organisme.

Piaget distingue trois grandes périodes du développement cognitif : la période de l'intelligence sensori-motrice, la période des opérations concrètes et la période des opérations formelles.

La période de l'intelligence sensori-motrice (de 0 à 2 ans)

Les différentes étapes

Piaget subdivise cette période préverbale en six stades.

L'exercice réflexe (de 0 à 1 mois)

Ce stade est la première manifestation et source de développement de l'intelligence. On observe une généralisation du réflexe par l'assimilation généralisatrice, qui va permettre au bébé de s'exercer dans des conditions différentes et sur des objets différents.

Etudions l'exemple du réflexe de succion. Dans un premier temps, il va y avoir une répétition de ce réflexe et un besoin d'adaptation de celui-ci pour qu'il devienne efficace. Ensuite, ce réflexe va évoluer pour ne plus être qu'un simple automatisme, par l'intermédiaire de trois processus :

• l'assimilation fonctionnelle, besoin de répétition du réflexe afin de le consolider et de le stabiliser ;
• l'assimilation généralisatrice, apparition de changements par généralisation à différents objets (un enfant ne va plus sucer les objets de la même façon) ;
• l'assimilation recognitive, discrimination des objets qui sont plus ou moins appropriés à la succion. Cela va amener l'enfant à rejeter tout ce qui n'est pas tétine ou mamelon.

L'enfant va alors être capable de construire des schèmes d'action, c'est-à-dire une séquence de gestes qui font partie du répertoire de ses moyens et qui sont transposables, généralisables ou différenciables d'une situation à la suivante, pour appréhender et connaître le réel.

Les premières adaptations acquises et la réaction circulaire primaire (de 1 à 4 mois)

L'enfant est capable d'assimiler des objets nouveaux aux schèmes qu'il est en train de construire. La réaction circulaire primaire est un exercice fonctionnel acquis, prolongeant l'exercice réflexe et ayant pour effet de fortifier et d'entretenir un ensemble sensori-moteur à des résultats nouveaux poursuivis pour eux-mêmes. Ce sont des résultats qui ont un effet agréable et intéressant sur le corps propre de l'enfant, qui va chercher à les reproduire.

A la fin de ce stade, on observe les premières coordinations de schèmes entre eux :
• l'audition et la vision. L'enfant tourne la tête vers la source de la stimulation sonore ;
• la succion et la préhension. L'enfant porte à la bouche ce qu'il saisit ;
• la vision et la préhension. L'enfant peut saisir des objets en se guidant grâce à sa vue.

Les réactions circulaires secondaires (de 4 à 8 ou 9 mois)

On assiste à une généralisation du stade précédent aux objets extérieurs à l'enfant, qui amène l'enfant à passer gestuellement de son corps propre au monde des choses. En manipulant les objets, il découvre par hasard de nouveaux résultats qui éveillent son intérêt et suscitent de nouvelles réactions circulaires secondaires. Dans l'effort que fait l'enfant pour retrouver, avec les objets manipulés, le résultat intéressant qu'il vient de découvrir, il est amené à différencier les moyens des buts poursuivis.

L'intentionnalité et la coordination des schèmes secondaires (de 9 à 11 ou 12 mois)

On constate l'apparition des premiers actes véritablement intentionnels, des actions orientées vers un but avec la conscience d'un désir d'agir. Les schèmes secondaires se coordonnent entre eux pour s'intégrer dans des unités de comportements plus larges, unités organisées autour d'un but posé préalablement au déclenchement de l'action (par exemple les conduites de détournement d'obstacles qui coordonnent l'action de pousser l'obstacle et l'action de prendre l'objet qui est derrière). L'enfant acquiert la capacité d'anticiper des événements liés à son action par l'intermédiaire d'indices, de signaux.

La réaction circulaire tertiaire et la découverte de moyens nouveaux par l'expérimentation active (de 11 ou 12 à 18 mois)

C'est une période d'intense activité d'exploration intentionnelle de l'ensemble des propriétés des objets. L'enfant ne cherche plus seulement à reproduire un résultat intéressant découvert par hasard, mais il varie et gradue ses mouvements pour obtenir de nouveaux résultats. Il cherche intentionnellement la nouveauté et découvre, par tâtonnement et par la mise en œuvre des schèmes d'actions qu'il possède déjà, de nouveaux moyens d'actions.

L'invention de moyens nouveaux par combinaison mentale (de 18 à 24 mois)

C'est le début de l'exercice de l'intelligence sur un plan symbolique. L'enfant acquiert la capacité de représentation symbolique dans des domaines très variés. Les schèmes d'actions vont progressivement s'intérioriser et leur combinaison mentale va permettre à l'enfant de trouver une solution plus rapidement.

La notion d'objet

Le développement de la notion d'objet est parallèle à celui de l'intelligence sensori-motrice.

De 0 à 4 mois, on ne note aucune conduite particulière relative aux objets disparus.

De 4 à 8 mois, l'enfant est incapable de rechercher un objet caché, mais il est en mesure de retrouver un objet qui est dans le prolongement direct de son activité.

De 8 à 12 mois, l'enfant recherche activement un objet disparu, sans tenir compte de la succession des déplacements visibles. Cette capacité sera acquise entre 12 et 18 mois.

De 18 à 24 mois, l'enfant est libéré de la perception qu'il a de l'objet et des actions qu'il lui attachait. Il est désormais capable de se représenter les déplacements invisibles de l'objet.

Les conduites imitatives

Le développement des conduites imitatives permet le passage de l'intelligence sensori-motrice à l'intelligence représentative.

De 1 à 4 mois, on observe une imitation sporadique où le modèle ne peut être reproduit que s'il peut être assimilé aux mouvements que l'enfant vient d'exécuter.

De 4 à 8 mois, c'est l'imitation systématique des sons connus et des mouvements exécutés antérieurement de manière visible.

De 8 à 12 mois, l'imitation devient possible en toutes circonstances et l'enfant est capable d'imiter des modèles invisibles (grimaces, clignements d'yeux, etc.).

De 12 à 18 mois, on note dans les conduites imitatives une prédominance de l'accommodation. L'enfant est capable de reproduire des modèles entièrement nouveaux et imite de manière plus précise, surtout quand la « copie » demande des efforts.

De 18 à 24 mois, l'imitation va pouvoir être différée dans le temps. Elle est rendue possible par la représentation mentale, la construction de l'image du modèle et de son intériorisation nus et des mouvements exécutés antérieurement de manière visible.

La période des opérations concrètes (de 2 à 11 ou 12 ans)

C'est une période marquée par une plus grande mobilité de la pensée, un plus grand recul par rapport à l'action et une meilleure socialisation. Elle constitue le passage d'un égocentrisme intellectuel et social vers la coopération et les opérations logiques. Cette période se subdivise en deux périodes : les périodes préopératoire et opératoire.

La période préopératoire (de 2 à 6 ans)

Cette période est essentiellement occupée par l'acquisition de la fonction symbolique (ou sémiotique), et tout particulièrement par l'acquisition du langage.

Prolifération de la fonction symbolique et des nouvelles capacités de représentation (de 2 à 4 ans)

La représentation s'exprime à plein dans l'imitation différée, le jeu symbolique, le langage et le dessin.

Pensée intuitive globale et représentations fondées sur des configurations statiques et sur l'assimilation à l'action propre (de 4 à 5 ou 6 ans)

C'est une pensée encore limitée par l'absence de réversibilité, définie comme une action effective du sujet où une transformation perçue dans le monde physique peut être annulée en pensée par une action orientée en sens inverse ou compensée par une action réciproque. La logique que l'enfant met en place est très intuitive et elle est caractérisée par un fort égocentrisme intellectuel. L'enfant s'en tient à sa perception immédiate et se centre sur une seule dimension d'un problème. Il est incapable de se décentrer, c'est-à-dire de prendre le point de vue de quelqu'un d'autre.

Pensée intuitive et représentations articulées par régulation (de 5 à 7 ou 8 ans)

Il s'agit d'une période où des décentrations commencent à s'opérer : l'enfant commence à dissocier le sujet lui-même de l'objet et il se situe parmi différentes perspectives. On constate aussi une régulation plus mobile des représentations qui s'articulent entre elles et tendent à se coordonner pour aboutir aux opérations mentales. Si l'on demande à l'enfant de réaliser une tâche, on remarque qu'il cherche à introduire une certaine cohérence entre le début et la fin, et qu'il procède parfois à des remaniements. On observe donc des rétroactions et des anticipations avec un souci de cohérence.

La période opératoire proprement dite (de 7 à 11 ou 12 ans)

Elle est caractérisée par le dépassement de l'égocentrisme du stade précédent et par l'utilisation, par l'enfant, des opérations réversibles. Piaget décrit trois types de réversibilité : par inversion, par compensation et par identité.

La construction des invariants permet le développement des schèmes de conservation (conservation de la substance, de la longueur vers 6 ou 7 ans, du poids vers 8 ou 9 ans, du volume vers 10 ou 12 ans) et des structures opératoires (classification, sériation et numération).

La période des opérations formelles (à partir de 12 ans)

Elle conduit l'enfant à une forme d'intelligence qui sera celle de l'adulte et qui est caractérisée par une pensée abstraite et combinatoire, un raisonnement hypothético-déductif et une démarche expérimentale.

4. Le langage

L'acquisition du langage verbal s'organise autour de quatre périodes.

La période prélinguistique (première année de la vie)

Dans le langage, la production est à distinguer de la compréhension, cette dernière étant supérieure.

La production

Le nouveau-né ne dispose que de cris et de pleurs pour s'exprimer. Au cours des premières semaines vont apparaître les vocalisations et le babillage, qui vont lui servir à communiquer avec ses partenaires humains. Ils constituent un « entraînement » pour l'acquisition du langage verbal. Les sons émis par l'enfant sont à la fois plus riches et plus pauvres que les phonèmes de la langue maternelle en ce sens que, quelle que soit sa langue maternelle, l'enfant peut utiliser tous les sons possibles, sauf ceux qui sont trop difficiles à prononcer.

A partir de six mois, les productions du bébé se rapprochent des sons de la langue maternelle et les vocalisations sont modulées selon les accentuations et les intonations de la langue parlée par les adultes.

La compréhension

Le nouveau-né reconnaît et préfère la voix maternelle. Il discrimine précisément des sons proches comme « *da* », « *ba* » ou « *pa* ».

Les énoncés à mot unique (de 9 à 18 mois)

C'est aux alentours de neuf mois que l'enfant prononce son premier mot, constitué de la répétition de deux phonèmes comme « *papa* » et « *maman* ».

On nomme ces énoncés des « mots-phrases », car l'enfant est capable de se faire comprendre par l'adulte en employant un seul mot compréhensible grâce au contexte. Ces énoncés sont caractérisés :
• d'un point de vue phonologique, par une approximation phonétique ;
• d'un point de vue sémantique, par :
- des surinclusions phonétiques, où le mot utilisé renvoie à des catégories différentes (par exemple « *papa* » pour tous les hommes) ;

- des sous-inclusions sémantiques ;
- une instabilité du signifiant et du signifié, où le mot varie sur le plan phonétique et ne désigne pas toujours la même chose ;
- un énoncé holophrastique, où l'enfant va désigner tout un ensemble en un seul mot.

Deux types de productions permettent de discriminer deux types d'enfants :
• les énoncés référentiels sont orientés vers les objets et sont utilisés par des enfants possédant un vocabulaire riche ;
• les énoncés expressifs sont orientés vers la communication et sont utilisés par des enfants faisant préférentiellement des phrases.

Les premiers mots sont dans 70 % des cas des noms d'objets ou d'animaux et les verbes ne sont utilisés que dans 13 % des cas.

Le système phonologique complet ne sera maîtrisé dans sa totalité que vers cinq ans.

Les énoncés à deux mots (de 18 à 24 mois)

Ces énoncés sont caractérisés par leur style télégraphique : l'enfant va émettre un maximum d'informations en deux mots, en se dispensant des mots fonctionnels comme les articles, les pronoms, les prépositions, etc.

L'enfant devient capable de rendre compte d'un grand nombre de relations sémantiques comme la disparition (« *a pu bonbon* »), la récurrence (« *encore dodo* »), la localisation (« *jouet maison* »), la possession (« *gâteau à moi* »), la relation action-patient (« *frappe chien* »), etc.

L'apparition de la phrase (à partir de 2 ans)

Une phrase comporte au moins un syntagme nominal et un syntagme verbal.

L'évolution du syntagme nominal

L'enfant va utiliser les articles définis et indéfinis, mais de manière erronée car il ne maîtrise pas encore les opérations cognitives sous-jacentes qui impliquent la décentration :
• vers 3 ans, l'enfant va utiliser les prépositions de temps et de lieu, mais toujours de façon inadéquate ;

• entre 5 et 6 ans, il va employer correctement les termes « *le mien* », « *le tien* » et « *le sien* ».

L'évolution du syntagme verbal

L'enfant va utiliser les temps de conjugaison :
• vers 4 ans, il emploie le présent de l'indicatif, le passé indéfini et l'infinitif ;
• à 5 ans, il maîtrise le futur qui est plutôt paraphrastique (« *je vais manger* »).

On note également une généralisation erronée des temps de conjugaison, où l'enfant applique des règles connues (« *il a couru* » ou « *il a mouru* »).

Les différents types de phrases

Entre 2 et 4 ans, l'enfant utilise les énoncés impératifs différenciés par l'absence de sujet, les formes interrogatives marquées par l'utilisation du pronom en adverbe (« *a qui ?* ») et la négation dans la forme déclarative (« *pas* ou *plus* »).

A partir de 4 ans, les phrases interrogatives sont construites avec « *qu'est-ce que* » et l'enfant utilise les subordonnées et les relatives.

Les phrases passives ne seront pas émises avant l'âge de 7 ans et peuvent ne pas être comprises jusqu'à 9 ou 10 ans.

5. Le développement affectif et social

La communication non verbale peut recouvrir un large domaine allant des premiers signaux émis par le bébé jusqu'aux conduites, mimiques et gestuelles qui accompagnent le langage. Dès la naissance, le bébé est doté de capacités expressives qui sont des compétences innées à communiquer. Elles sont indicatives avant d'être expressives au sens strict.

Les signaux faciaux

Le regard

C'est un signal auquel l'adulte va accorder le plus d'importance. Un sentiment d'attachement est médiatisé par le regard. Le contact œil-œil va consolider l'attachement et donner à l'adulte le sentiment de s'adresser vraiment à une personne. L'absence de réponse, d'échanges par le regard de la mère, peut avoir des conséquences sur le développement de l'enfant et être vécu comme une rupture de communication.

Le sourire

Le sourire est un signal aussi activement recherché par l'adulte que le regard. Il constitue un signe de bien-être et de bonne socialisation.

On distingue plusieurs étapes dans l'apparition et la signification du sourire :

- dès la première semaine, l'enfant est capable de sourire. Il s'agit d'un sourire qui n'est pas très net, avec un relèvement des commissures sans plissement au coin des yeux. Ce sourire est déclenché par le bien-être de l'enfant ;
- dès la deuxième semaine, la voix aiguë devient un déclencheur du sourire ;
- dès la troisième semaine, on observe un sourire plus net, qui laisse apparaître des rides au coin des yeux et qui est accompagné d'un regard vif et d'une motricité générale ;
- à partir de la quatrième semaine, le contact visuel provoque des sourires francs ;
- dès la sixième semaine, on observe un sourire social et c'est le visage humain qui devient le déclencheur spécifique du sourire.

Il n'existe pas un seul sourire, mais un sourire spécifique à chaque situation comme l'étonnement, la joie, etc.

Le rire

Le rire apparaît vers la fin du deuxième mois par le chatouillement. Il est lié à des situations qui requièrent un certain niveau cognitif :

- au niveau préscolaire, c'est un rire accompagné de vocalisations sonores ;
- au niveau scolaire, c'est un rire à nuque renversée sans émissions sonores, mais c'est un rire qu'on ne retrouve pas chez l'adulte, qui développe des rires stéréotypés.

Les expressions vocales

A la naissance, elles sont constituées de bruits, de pleurs et de cris variés et modulés selon l'état du bébé. Très vite, une conversation s'engage entre la mère et l'enfant : l'enfant va répéter tout ce que dit la mère, c'est ce qu'on appelle la préparole.

Les gestes et les postures expressifs

On distingue trois catégories de gestes :

- les gestes expressifs, qui sont des démonstrations spontanées d'émotions ou provoquées par l'interlocuteur ;
- les gestes appellatifs, destinés à attirer l'attention de l'interlocuteur ;
- les gestes significatifs, où l'enfant propose à l'interlocuteur une action, signifient la qualité d'une expérience, montrent un objet, etc.

Pour communiquer, l'enfant utilise de manière prépondérante, jusqu'à quatre ou cinq ans, des codes mimico-gestuels qui sont des chaînes de signaux dont l'organisation spatiotemporelle est fixe. Ce sont des expressions formalisées et conventionnalisées, dont le but est de provoquer une réponse chez l'autre par l'impression :

- apparition du salut de la main, entre un et deux ans ;
- imitation des postures du partenaire au cours de la troisième année ;
- offrandes.

6. Henri Wallon : la psychologie du développement

Une théorie du développement sociopersonnel

La théorie wallonienne est une conception de travail concernant le développement affectif et social. C'est une théorie originale du développement sociopersonnel, car elle insiste sur le fait que ce développement est indissociable des relations interpersonnelles et du développement de la personnalité. Ainsi existerait-il une interdépendance entre la construction de soi et la construction d'autrui. Pour Wallon (1879-1962), « *l'homme est biologiquement social* ». Cela signifie que l'enfant va se tourner vers le milieu humain par nécessité. Si l'enfant naît immature, les moyens mis à sa disposition se développent sous un double effet : le pôle maturationnel et l'apport des stimulations par l'entourage. Wallon considère que c'est dans les échanges actifs entre les milieux de vie (physique, biologique, symbolique et humain) et l'individu que se situe le moteur du développement.

Description de la sociabilité et de la construction de la personnalité

Wallon propose une description en six stades qui caractérise à la fois la nature des relations que l'enfant établit avec autrui et le niveau de différenciation du sujet par rapport à l'autre (étape de la construction de la conscience de soi).

Le stade de la symbiose physiologique ou de l'impulsivité motrice (de 0 à 3 mois)

A ce stade, les moyens dont dispose l'enfant sont les réflexes de base dits archaïques et les signaux expressifs innés (les mimiques, les états de malaise, etc.).

Cette situation de dépendance du nouveau-né est analogue à celle qui existait *in utero*, mise à part la séparation avec le corps maternel. Cette séparation va entraîner un désaccord, dans la mesure où la satisfaction des besoins de l'enfant va être différée dans le temps. Ce décalage temporel va être à la base de nouvelles expériences qui susciteront la mise en place du répertoire expressif de l'enfant. La dépendance à autrui va renforcer et organiser la confusion entre le moi et autrui. Peu à peu, il va s'ensuivre une maturation de ses différentes sensibilités biologiques (intéroceptives, proprioceptives et extéroceptives) grâce aux apports du milieu humain. Ainsi, la différenciation entre le moi et autrui va pouvoir se mettre en place.

Le stade de la symbiose psychologique ou affective (de 3 à 9 mois)

C'est au cours de ce stade que l'on peut dénoter une évolution dans le développement psychomoteur. L'enfant va se dégager de l'emprise des purs réflexes (primaires) et de la sensibilité organique, pour développer des réactions volontaires. C'est grâce aux actions des adultes que l'enfant va associer ses manifestations organiques et les actions qui en découlent. C'est ainsi que l'intentionnalité dans la communication va se mettre en place.

On peut alors constater que ce progrès ne correspond plus seulement à des besoins physiologiques, mais aussi à l'expression de besoins affectifs : l'enfant ne met plus seulement en place son corps pour les premiers besoins.

Dans les échanges, il y a une prépondérance des expressions émotionnelles : Wallon parle de stade émotionnel. L'apogée de ce stade se situe aux alentours du sixième mois.

L'enfant découvre qu'il peut agir sur autrui, par exemple lorsqu'il sourit. A partir de ce moment, il y a un partage de l'émotion et par conséquent de la sensibilité affective. Cela ne signifie pas pour autant qu'il y ait une différenciation des différents partenaires. L'enfant ne se reconnaît pas comme une personne indépendante, mais un pas est accompli par rapport au premier stade. C'est cette période que l'on va identifier comme l'apogée du moi.

Le stade du syncrétisme indifférencié (de 9 à 12 mois)

A travers cette notion de syncrétisme indifférencié, Wallon veut insister sur le fait qu'il existe encore une confusion entre moi et l'autre, mais il y a tout de même un progrès. Ainsi, lors de ce stade, la confusion est toujours présente, mais la sensation de présence du moi se construit.

Le stade du syncrétisme différencié (de 18 à 30 mois)

L'enfant ne se contente plus seulement de contempler, mais il participe à l'interaction et c'est cette participation qui annonce le moment de l'individualisation. Pour Wallon, le sujet va pouvoir intégrer des contraires et acquérir ainsi les règles sociales. Le point de vue de l'enfant va se différencier de celui de l'autre, même s'il continue à participer encore aux deux pôles que sont la sympathie centrifuge (par exemple offrir du gâteau) et la sympathie centripète (par exemple mimer l'action d'un autre enfant).

Ainsi, Wallon va distinguer la sympathie centrifuge, qui est centrée sur l'extérieur, et la sympathie centripète, qui est tournée sur soi-même.

Au quatrième stade, le point de vue de l'enfant va se différencier de celui de l'autre, mais l'enfant va encore participer aux deux pôles (par exemple la sympathie centrifuge et centripète).

Le stade des personnalités interchangeables (de 24 à 36 mois)

Ce stade annonce les prémices de la véritable individualisation et l'enfant va partager l'émotion avec autrui par le biais de l'imitation.

Le stade du personnalisme et de la crise de personnalité (vers 3 ans)

La répartition des rôles est fixée et la différenciation entre moi et autrui se manifeste. C'est à cette période que l'enfant va se mettre à tout refuser et à vouloir tout faire seul. Il est préoccupé par le fait d'assurer et d'affermir sa toute nouvelle autonomie. C'est à ce stade que les réactions de prestance et de gêne apparaissent.

Il y a une interdépendance entre la construction de soi et la construction d'autrui. L'enfant fait peu à peu la distinction entre ce qui lui appartient et ce qui appartient à autrui : cette conception de développement s'oppose à la conception piagétienne.

L'approche développementale

L'approche développementale la plus récente a mis en place des protocoles d'expérimentation aussi adaptés que possible aux aptitudes du nourrisson, en tenant compte de sa propre perception de l'environnement avant de lui proposer des tâches nouvelles.
Cette approche partant de l'enfant et non plus de l'adulte a permis de mettre en évidence des capacités insoupçonnées à un très jeune âge et d'avancer tant dans la compréhension du développement sensorimoteur que dans celle du développement affectif et cognitif, jusqu'à l'émergence de la conscience de soi.

En se centrant sur les perceptions de l'enfant, et sur ses compétences sociales précoces, de nombreux chercheurs ont pu mettre en évidence au sein de protocoles expérimentaux des aptitudes avancées chez des nouveau-nés.

La conception piagétienne sera progressivement dépassée et combattue par différents courants et rejetée autant par les chercheurs se réclamant d'un nativisme, postulant toutes les compétences innées, que par les tenants d'un empirisme considérant que le développement réside dans un apprentissage au contact de l'environnement.

L'intelligence du bébé n'a longtemps été considérée que sous l'angle de son intelligence sensori-motrice, au travers notamment des écrits de Piaget qui aborde les compétences du nourrisson en fonction de la maîtrise que celui-ci possède de ses compétences motrices. Mais l'immaturité de l'enfant à la naissance se trouve essentiellement motrice, et, dès lors, un important décalage existe entre l'appréhension de la précocité des aptitudes d'un bébé au travers de ses capacités perceptives et de ses capacités motrices.

Roger Lécuyer (Lécuyer, 1989) défend l'idée que l'intelligence des bébés est perceptive. Une telle affirmation implique que la perception en elle-même soit intelligente et que, pendant la période concernée, l'intelligence passe nécessairement et exclusivement par la perception. La motricité lui apparaît alors davantage comme objet que comme source d'intelligence, l'objet principal de l'intelligence demeurant l'être humain.

Dans une telle acception, le nouveau-né est un sujet à part entière, son intelligence se développe de façon continue et contiguë avec le développement de l'attention. L'intérêt pour la perception conduit donc à adopter une perspective continuiste, par opposition à celle discontinuiste des auteurs s'intéressant à la motricité.
Ce décalage entre contrôle moteur et perception à la naissance, déjà frappant sur le plan de la maturité, s'affirme à nouveau sur la question de la continuité du développement et trouve à s'éclairer dans le fait que tous les comportements faisant l'objet de régressions possèdent une composante motrice, alors que tous les indices sensoriels et cognitifs utilisés par les chercheurs montrent un développement continu des capacités perceptives.

Le bébé naît dans un monde social, où il a été attendu, pensé, parfois désiré. La naissance constitue une rencontre entre un être et une idée sur cet être. Le maternage joue un rôle clé dans lequel les parents pos-

sèdent des savoir-faire qui placent les nourrissons dans les meilleures conditions cognitives pour leur développement.
Une telle conception permet d'approcher différemment l'évolution de développement d'un jeune enfant, utilisant ses perceptions pour comprendre le monde et décoder les différentes modalités des interventions extérieures, afin notamment de fournir des réponses adaptées. Le comportement de l'enfant apparaît dès lors indissociable de la nature des éléments présents dans son environnement immédiat, ceux-ci venant l'influencer tandis qu'il s'efforce de les maîtriser.

Un ensemble de recherches sur les perceptions sociales des enfants a utilisé des expérimentations visant à perturber la communication entre l'enfant et son environnement immédiat.

Des chercheurs étudièrent ainsi la régulation des émotions au travers des interactions entre des enfants de deux mois et leurs mères, en perturbant de différentes façons le style de communication de la mère.
Les résultats issus de ces études attestent d'une sensibilité fine chez de très jeunes enfants (6 à 12 semaines) à la qualité affective immédiate du comportement maternel.
Il apparaît aujourd'hui que de très jeunes enfants détectent des variations subtiles dans le comportement de leur donneur de soins et sont bien davantage perturbés par les réactions insolites que par les séparations inévitables.

Pour ces auteurs, cette coordination étroite du comportement de la mère et de celui de l'enfant implique l'existence d'un cercle de communication émotionnelle.
La régulation des états personnels et affectifs n'est donc pas un processus linéaire, au sein duquel le comportement de la mère déterminerait celui de l'enfant. Chacune des réponses de l'enfant est identifiée par la mère comme une réponse active et significative et provoque en elle des réactions en miroir conséquentes.

Il est possible de distinguer deux grandes étapes dans la reconnaissance de l'intentionnalité des personnes :
• vers deux mois : l'enfant perçoit le fait que sa mère n'est pas « en phase » avec lui et il s'en inquiète. Il détecte donc finement un comportement inhabituel ou inadapté.
• vers six mois : le bébé attend de toute personne une communication pertinente, même si cette personne est inconnue de lui.

C'est la théorie de l'esprit, dont les termes furent consacrés par Premack et Woodruff (Premack & Woodruff, 1978), qui désigne l'aptitude à inférer que des conduites sont induites par des états mentaux. C'est une théorie que développe l'enfant dans la mesure où des prédictions doivent être formulées permettant de tester des hypothèses concernant des inobservables. Cette théorie est dite « de l'esprit », car les inobservables inférés sont des états mentaux.

Dans la conception des développementalistes, par opposition avec les nativistes (partisans d'une conception innée du développement), des pré-requis sont nécessaires à la formation d'une théorie de l'esprit et des précurseurs sont détectables.
Les trois principaux précurseurs actuellement proposés sont la synchronie interactionnelle, l'attention conjointe et l'imitation.

De nombreux chercheurs insistent sur la place des interactions avec l'environnement dans le développement de l'enfant. Ce sont les adultes qui sont responsables de la gestion des opportunités d'assimilation et d'accommodation, suscitant le développement.
Se référant à Vigotsky et à sa définition de la « zone proximale de développement », ils considèrent le développement cognitif comme l'intériorisation d'une culture.

Selon Vigotsky, la « zone proximale de développement » constitue l'écart entre les capacités de l'enfant à structurer le réel lorsqu'il est seul et ces mêmes capacités sans assistance parentale.
Sans parents pour piloter son développement, l'enfant ne progresserait guère.
La validité de ce modèle est à l'heure actuelle bien établie pour l'enfant d'âge préscolaire et scolaire, mais son application aux premiers mois de la vie doit parfois être nuancée.

Les auteurs remarquent que tous les bébés, sauf pathologie grave, arrivent au terme du stade sensori-moteur et accèdent au cours de la seconde année à la fonction symbolique et au langage, quelle qu'aient été la variabilité des expériences individuelles et le rythme des acquisitions.
Mais le développement du bébé dépend néanmoins, pour une part variable selon les domaines, de la manière dont les parents l'anticipent et définissent ce qu'il doit être.

En employant le terme « parents » les auteurs sous-entendent tout individu capable de participer au développement du bébé, c'est-à-dire ses parents biologiques, mais aussi d'autres intervenants comme les nourrices, les frères et s?urs, voire même d'autres jeunes enfants fréquentant la crèche.

Le développement de l'enfant est ainsi partagé par les parents, comme le déterminent deux aspects cruciaux du développement précoce :

• Si immature que soit le nouveau-né, il est d'emblée considéré comme un être humain qui émet des signaux et attend des réponses, donc un partenaire avec lequel on peut communiquer.

• Les parents soutiennent l'activité du tout-petit ; même s'il ne s'agit pas encore de résoudre des problèmes, ou d'utiliser efficacement le langage, des mécanismes de bases, comme la focalisation de l'attention, peuvent bénéficier de l'étayage parental.

PARTIE III

LA PSYCHOLOGIE GÉNÉRALE EXPÉRIMENTALE

1. La psychologie moderne

Une grande diversité

Les objets d'études de la psychologie sont très variés et il existe tout un ensemble de spécialités : la psychologie de l'enfant, la psychologie sociale, la psychologie du travail, la psychologie cognitive, la psychologie différentielle, la psychopathologie, la psychologie du vieillissement, la psychologie animale, etc. Toutes ces spécialités ne sont pas enseignées en tant que telles à l'Université.

Les méthodes employées

L'observation

L'observation est caractérisée par :
• l'objectivité. L'observation est indépendante de l'observateur et d'un certain nombre de conditions temporelles, spatiales et situationnelles ;
• l'instrumentation. L'usage d'instruments d'observation va permettre de spécifier et de rendre stables les conditions de l'observation. La standardisation des instruments conditionne la possibilité de comparaison.

Les techniques les plus communes sont :
• les grilles d'observation, qui spécifient les aspects des conduites et les dimensions à considérer, ainsi que les catégories ou les mesures correspondantes ;
• les entretiens, où l'analyse des mécanismes transférentiels est déterminante ;
• les questionnaires, qui se composent d'une suite de questions rédigées de telle sorte qu'un certain nombre de biais bien connus soit évité, comme la tendance à la confirmation, la désirabilité sociale, etc. ;
• les tests, qui sont des épreuves standardisées et étalonnées faisant appel à divers supports (langage, dessins, photos, etc.). Ils permettent de situer des réponses ou des scores par rapport à ceux d'une population prise comme référence.

L'expérimentation

L'expérimentation vise à mettre à l'épreuve des hypothèses. On distingue :
• la méthode expérimentale stricte, où l'expérimentateur provoque des variations ;
• la méthode expérimentale au sens faible, où les variations sont invoquées.

Les conduites étudiées

La distinction entre comportement et conduite

Il est important de différencier le comportement de la conduite : le comportement est une réaction objectivement observable, qui relève de la psychologie élémentaire, alors que la conduite est un ensemble d'actes et d'actions caractérisés par l'organisation imposée par le but. C'est grâce aux fonctions psychologiques comme la mémoire, l'intelligence ou la motivation que ces conduites vont être liées et leur regroupement va permettre de saisir les informations de l'environnement intérieur ou extérieur.

Trois niveaux de mesure de la conduite

En psychologie, mesurer c'est d'abord établir une correspondance entre des phénomènes observables et une échelle de symboles arbitrairement choisis, mais dont les propriétés facilitent l'extraction de l'information et l'étude des faits. Les conduites peuvent être mesurées selon trois niveaux.

Les échelles nominales

Elles sont obtenues en utilisant la plus faible et la plus générale des techniques de mesure : la relation d'équivalence. L'utilisateur doit être capable de définir une relation d'équivalence lui permettant de répartir les données en un certain nombre de classes disjointes. Chaque donnée doit trouver sa place dans une classe et une seule.

Les échelles ordinales

Elles ont toutes les propriétés des échelles nominales. De plus, il est possible de distinguer les différentes classes par une relation d'ordre. Si A et B sont deux de ces classes, il doit être possible de trouver une opération permettant de dire, par exemple, que A est plus grande que B. On pourra alors utiliser pour désigner les classes des symboles parmi ceux qui définissent également des relations d'ordre, par exemple des nombres. Cependant, si on peut classer ces niveaux par ordre croissant ou décroissant, la distance entre deux niveaux quelconques n'est pas précisément estimée et peut ne pas être identique.

Les échelles d'intervalles

Ce sont des échelles ordinales à intervalles égaux. On définit une unité de distance et l'on attribue une valeur proportionnelle de cette unité aux différents paliers de cette échelle. Pour construire une échelle d'intervalle, il est donc nécessaire de définir ce que l'on entend lorsqu'on dit que la distance entre deux choses est égale à la distance entre deux autres.

Les différentes approches

L'approche neuropsychologique

Elle traite des rapports entre le biologique et le psychisme. Elle se fonde sur l'étude des désordres survenant après des lésions cérébrales, l'enjeu étant de comprendre les rapports entre le cerveau et les processus psychiques supérieurs (langage, mémoire, etc.).

L'approche comportementaliste

Elle observe les conduites du sujet en lien avec son environnement social et intérieur.

L'approche cognitiviste

Elle cherche à déterminer les mécanismes mis en jeu par un individu lorsque celui-ci est confronté à une tâche. Les cognitivistes cherchent à savoir comment un individu se représente le monde extérieur, comment il traite l'information, etc.

L'approche psychanalytique

Elle s'intéresse à l'inconscient des individus.

L'approche systémique

Elle rassemble les quatre approches précédentes.

La psychologie scientifique

Définition

La psychologie scientifique vise à décrire et à expliquer les conduites des organismes vivants de façon vérifiable et contrôlable. Selon Reuchlin, la psychologie scientifique est une psychologie publique fondée sur des faits vérifiables.

Les méthodes préscientifiques d'acquisition des connaissances scientifiques

La méthode d'obstination

Elle renvoie à la question des superstitions, des croyances auxquelles on accorde une valeur de fait, en oubliant les fois où cela ne « colle » pas.

La méthode intuitive

Des vérités fondamentales peuvent être élaborées grâce à l'intuition.

La méthode d'autorité

Elle fait appel à un spécialiste pour obtenir des connaissances.

La méthode du raisonnement

Elle permet, à partir d'un raisonnement, de tirer une conclusion qui deviendra une nouvelle connaissance.

La méthode empirique

Elle stipule que le seul critère de vérité est notre propre expérience.

La méthode scientifique

Les principes

On distingue plusieurs principes :
- une opérationnalisation des concepts ;
- un contrôle du cadre d'obtention des mesures (observation), avec une description explicite de ce qui est observable ;
- une répétition du phénomène ;
- une détermination des possibilités de généralisation des résultats.

Les étapes liées aux objectifs

Les différentes étapes sont :
- la description précise du phénomène de l'étude en identifiant ses composantes ;
- l'explication de l'apparition du phénomène. Il s'agit d'en trouver les causes, les déterminants ;
- l'anticipation ou la prédiction de l'apparition du phénomène ;
- la production du phénomène.

2. La méthode expérimentale et ses variantes

Définition

La psychologie expérimentale peut se définir comme une psychologie élaborée grâce à la méthode expérimentale, seule méthode qui tente d'établir des liens de causalité entre des événements internes ou externes à l'individu et le comportement de celui-ci.

D'une manière générale, la méthode consiste à :
• isoler un certain nombre de variables censées influencer le comportement étudié ;
• bâtir une situation expérimentale, c'est-à-dire en laboratoire, artificielle et rigoureusement contrôlée ;
• éprouver des hypothèses formulées à partir du contexte théorique et les soumettre à l'épreuve des faits, afin de les confirmer ou de les infirmer ;
• prendre une décision statique d'acceptation ou de rejet de ces hypothèses.

Le but de la méthode expérimentale est de rendre possible l'établissement de relations de causalité entre des événements et par la suite, de rendre possible la prédiction de l'apparition des événements. La méthode consiste à faire varier un facteur ou les états d'une variable et à mesurer les effets de cette variation sur le comportement.

Elle présente la particularité de manipuler certaines caractéristiques de l'environnement en contrôlant systématiquement toutes les autres. On peut donc évaluer de cette manière le bien-fondé de certaines hypothèses formulées antérieurement, à partir d'observations ou d'études issues d'autres types de méthodes.

Le principal défaut de la méthode expérimentale est que les résultats sont la plupart du temps obtenus en laboratoire, c'est-à-dire dans des conditions artificielles. On a donc souvent des difficultés à généraliser les conclusions à des situations naturelles, puisque les variables contrôlées en laboratoire ne le sont plus dans les situations naturelles.

Pour construire des situations expérimentales, il est possible de mettre en œuvre différents moyens tels que la procédure expérimentale, les plans d'expérience, leurs systèmes de représentation et leur particularité, l'implication de la présence des groupes de mesures et des groupes de sujets que nous allons définir.

La procédure expérimentale

La procédure expérimentale désigne habituellement la détermination et la description des tâches que les sujets auront à exécuter, le matériel et le déroulement de l'expérience, ainsi que les consignes.

Les tâches

La notion de tâche définit ce qui va être imposé aux sujets dans le contexte de l'expérience. Cette tâche dépend naturellement de la problématique de cette expérience. Cependant, plusieurs remarques d'ordre général peuvent être faites.

L'utilisation de la méthode expérimentale conduit à une standardisation poussée de la situation, à des fins de contrôle d'un maximum de facteurs extérieurs au problème. Cela oblige donc à concevoir des situations le plus souvent contraignantes pour les sujets :
- pour permettre un recueil efficace des mesures du comportement ;
- pour éviter qu'un trop grand nombre de stratégies ne soit à leur disposition, ce qui interdirait alors la détection des opérations mentales exécutées par les sujets et la construction ultérieure d'un modèle de la tâche.

Le choix de la tâche est un problème délicat. Une tâche trop facile sera peu sensible : les données recueillies seront à leur maximum pour tous les sujets et ne varieront pas d'une condition expérimentale à l'autre. Nous obtiendrons alors un effet de plafond. A l'inverse, une tâche trop difficile entraînera un effet de plancher, c'est-à-dire une très basse performance pour tous les sujets. De la même manière, lorsqu'il existe un effet de plancher, la sensibilité des variables dépendantes en souffrira. C'est, entre autres, lorsque la tâche est nouvelle ou qu'il n'est pas possible de se faire une idée *a priori* du niveau de difficulté qu'elle va représenter pour les sujets qu'une préexpérience est envisagée.

Le matériel

Le matériel désigne généralement ce sur quoi le sujet aura à travailler : il peut s'agir de textes, de mots, de stimuli, de signaux, etc. Dans la plupart des cas, il est décrit avec précision, grâce à l'inventaire des procédés utilisés pour standardiser sa présentation aux sujets : luminosité, type de stimulus, taille, caractéristiques typographiques, physiques, etc. Souvent, on décrit également sous cette rubrique les aspects ergonomiques : placement du sujet, angle de vision, ambiance lumineuse, rapidité de présentation et possibilité pour le sujet d'intervenir plus ou moins activement dans le déroulement de la séance expérimentale.

L'appareillage

Lorsque l'appareillage est complexe, il est habituellement distingué du matériel. Il s'agit ici de la description du poste expérimental, qui précise quels types de machines sont utilisés pour présenter le matériel, pour gérer l'expérience et pour recueillir les différents paramètres et variables dépendantes (enregistreurs de temps de réaction, de réponses électrophysiologiques, etc.). De plus en plus fréquemment, les expériences sont contrôlées par ordinateur et sont donc automatisées, tendant ainsi à améliorer encore le degré de standardisation de la tâche.

La consigne

L'expérimentateur indique dans la consigne les éléments nécessaires et suffisants pour que le sujet puisse comprendre ce qu'on attend de lui. La tâche est exposée de manière simple et non ambiguë. A l'issue de la lecture de la consigne, le sujet doit connaître ce qui va se passer et comment il devra répondre. La plupart du temps, on évite également de donner des indications contradictoires ou qui induiraient le sujet à l'utilisation d'une stratégie particulière. Enfin, des éléments d'ordre motivationnel peuvent se trouver insérés, afin de susciter un certain niveau de performance.

Le déroulement de l'expérience

L'expérience se déroule en différentes phases :

- la période d'entraînement, où l'expérimentateur vérifie que le sujet a bien compris et fait correctement ce qui lui a été indiqué dans la consigne ;
- le séquencement en séances différentes, qui peuvent être étalées sur un ou plusieurs jours ;
- la phase de repos.

Des indications peuvent être données sur la manière dont le niveau de vigilance des sujets est maintenu (périodes de repos actives ou inactives, communication des résultats au cours du déroulement de l'épreuve ou après exécution de chaque bloc d'essais, etc.) et sur les moyens mis en œuvre pour contrôler les effets d'ordre.

La formulation des hypothèses

L'élaboration et la formulation des hypothèses constituent un processus qui se déroule en trois étapes.

Les hypothèses générales (hypothèses de travail ou théoriques)

L'hypothèse est une représentation abstraite explicative et/ou prédictive de l'existence d'une relation non encore établie entre deux faits ou deux ensembles de faits. Dans le cadre de l'utilisation de la méthode expérimentale, les premiers faits recouvrent la cause et les seconds, les conséquences.

Les hypothèses générales sont donc la partie créative d'une recherche et proviennent, la plupart du temps, des connaissances du chercheur sur la question ou l'observation à laquelle il s'est livré antérieurement, et éventuellement des tendances théoriques auxquelles il adhère ou se rattache. Ce genre d'hypothèse permet d'élargir les faits établis par les autres (processus de généralisation) ou de restreindre la portée des conclusions antérieurement émises, pour les préciser (processus de différenciation).

L'hypothèse générale doit fournir une proposition de réponse adéquate à la question et doit être vérifiable.

Les hypothèses de recherche ou opérationnelles

Elles sont la traduction des hypothèses théoriques dans un cadre concret, celui d'une recherche particulière. Elles doivent donc être vérifiables dans le cadre de cette recherche. En premier lieu, le chercheur doit tenir compte du contexte matériel dans lequel il se propose de réaliser l'étude.

Les hypothèses opérationnelles précisent, la plupart du temps, les états des variables mises en jeu. Dans leur formulation, elles prévoient souvent un sens de variation du comportement mesuré ou de l'indice de performance étudié en fonction des caractéristiques de l'observation ou des situations mises en jeu par l'expérimentateur.

Les hypothèses statistiques

Les mesures des comportements étudiés par le psychologue peuvent prendre différentes formes, en termes de présence ou d'absence, d'intensité, de qualité, etc. Dans la mesure où nous sommes également confrontés à une variation inter et intra-individuelle de ces comportements, il faut, pour prouver le bien-fondé des hypothèses opérationnelles, trouver l'indice adéquat permettant d'exprimer la tendance générale des groupes de sujets, et trouver également l'outil statistique adéquat à l'analyse de ces indices. Ces outils ont un double but, celui de quantifier les événements ou les relations existants entre eux et de déterminer si les mesures obtenues constituent une évolution notable des phénomènes ou si celles-ci sont simplement fortuites ou accidentelles.

Les variables

Une variable correspond à toute caractéristique de l'environnement physique ou social, tout comportement dont les manifestations peuvent être comprises dans une classification comportant au moins deux catégories.

Les variables dépendantes

Ce sont des variables dont les variations, d'après l'hypothèse, sont liées aux variations de l'environnement prises en compte ou imposées par l'expérimentateur. Il s'agit donc soit de la réponse fournie par le sujet, soit d'une ou de plusieurs caractéristiques particulières de cette réponse.

Les variables indépendantes

Une variation indépendante est une caractéristique du sujet, de son environnement physique ou social, de la tâche, des stimuli présentés qui sont manipulés par le chercheur ou simplement étudiés, pris en considération, dans le but de contrôler ou d'analyser son impact sur le comportement étudié. Cette catégorie de variable est dite indépendante parce qu'elle ne dépend pas du sujet : elle est définie et mise en place par l'expérimentateur.

Une variable indépendante comporte un certain nombre d'états (deux au minimum) choisis par l'expérimentateur, que l'on nomme degré ou modalité.

Une combinaison de plusieurs variables indépendantes forme les interactions. On dit qu'il y a interaction entre deux variables indépendantes lorsque tout changement de degré de l'une modifie l'influence de l'autre sur la variable dépendante.

Les variables parasites

Lorsqu'on a isolé les composantes du comportement que l'on désire étudier et sélectionné à quels facteurs de l'environnement ou de la personnalité elles peuvent être liées, le souci principal doit être de s'assurer de pouvoir attribuer les variations de la variable dépendante aux changements de degré des variables indépendantes. Or il n'existe pas de situations où une et une seule variation de l'environnement induit un seul type de comportement : chez l'homme, les conduites obéissent souvent à une foule de contingences externes et internes à l'individu. Nous ne pouvons pas toutes les inventorier pour les contrôler toutes. Néanmoins, un certain nombre de ces variables, si elles sont identifiables comme pouvant avoir ou ayant une action intrinsèque sur la mesure du comportement auquel on s'intéresse, peuvent pervertir l'observation au point qu'il devient impossible de déterminer ce qui revient réellement aux facteurs contrôlés et aux autres variations : ce sont les variables parasites qui peuvent provenir de l'environnement ou être issues des caractéristiques de personnalité des sujets.

La construction de plans d'expériences

Définition

Construire un plan d'expérience équivaut à la mise au point d'un ensemble de dispositions dont découlera une réponse valable à la question posée par les hypothèses. C'est une stratégie qui vise à maximiser la probabilité de détecter des effets réels des variables indépendantes sur la ou les variables dépendantes, ainsi qu'à minimiser la probabilité que des interprétations autres que celles envisagées s'appuient sur l'influence de variables non contrôlées.

C'est également construire la représentation plus ou moins codifiée et souvent graphique du déroulement ou de l'organisation logique d'une expérience. Le plan d'expérience met en valeur les variations que l'expérimentateur impose aux variables indépendantes.

Il est possible de retenir plusieurs classifications des plans expérimentaux. Selon le(s) critère(s), nous mettrons en valeur des caractéristiques techniques, certaines particularités quant au contrôle que peut exercer l'expérimentateur sur la situation expérimentale, le type d'hypothèse qu'il est possible de tester, etc. En fonction du contrôle des situations mises en jeu, on peut distinguer les plans expérimentaux des plans quasi expérimentaux. Ces derniers font appel aux modes d'analyse et d'interprétation propres à la méthode expérimentale, sans pour autant satisfaire à toutes les conditions habituellement exigées.

Deux catégories de plans d'expériences

Les caractéristiques techniques des plans expérimentaux classiques vont nous permettre de les classer en deux catégories : les plans à une variable (univarié), en groupes indépendants ou appariés, et les plans à plusieurs variables (multivarié), factoriels ou en carré, en groupes indépendants appariés ou combinés.

Plan à une variable indépendante

Caractéristiques

Les plans à un facteur sont les plus simples. Ils ne font intervenir qu'une variable, au minimum à deux degrés. Le recours à des groupes indépendants de sujets nécessite autant de groupes que de degrés de la variable. Le nombre de mesures à l'intérieur de chaque groupe expérimental peut ne pas être constant : la précision de l'évaluation du traitement sera alors fonction du nombre de mesures dans le groupe considéré. De plus, ce type de plan renvoie au problème de l'équivalence entre groupes de sujets. Nous aurons recours à un plan en groupes appariés lorsque ce sont les mêmes sujets qui subissent les différents niveaux de la variable. Dans ce cas, l'impact d'un traitement pour un sujet n'est plus mesuré relativement à la performance moyenne du groupe, mais à sa propre réponse moyenne, calculée en sommant l'influence de tous les traitements.

Trois types de plans

• *Les plans à cas unique* : ils visent à préciser la relation causale existant entre la variable indépendante et la variable dépendante à partir de l'étude d'un sujet.

• *Les plans A-B* : ils consistent à mesurer le comportement au niveau de base A, puis à refaire cette mesure pendant ou après le traitement susceptible de modifier le comportement. L'inconvénient majeur de ce plan est l'absence de contrôle de ce qui revient au sujet, c'est-à-dire ce qui a pu se passer de déterminant entre les deux mesures, mais qui ne relève pas de l'intervention expérimentale.

Niveau de base	Traitement
A	B

• *Les plans avec retrait de traitement A-B-A* : ils visent à corriger les inconvénients des plans A-B et à établir une relation causale plus solide entre le traitement et les réponses du sujet que ce plan a été imaginer. Le principe de base consiste à ajouter une étape destinée à mieux isoler l'effet spécifique du traitement.

Plan à plusieurs variables indépendantes

Caractéristiques

C'est la situation la plus habituelle en psychologie puisque les comportements sont rarement influencés par un seul facteur et que les hypothèses les plus intéressantes à tester sont les hypothèses d'interaction. Il existe deux grands types de plans : les plans factoriels et les plans en carré.

Deux types de plans

• *Les plans factoriels* : ils répondent tous au même principe qui consiste à combiner systématiquement l'ensemble des degrés de tous les facteurs expérimentaux. Il y aura donc autant de groupes de mesures que le produit des degrés des variables indépendantes. Ils permettent de déterminer dans une même recherche les effets principaux et interactionnels des variables expérimentales sur les comportements étudiés.

• *Les plans en carré latin et gréco-latin* : un certain nombre de prérequis sont nécessaires lors de la construction d'un plan en carré latin, puisque le croisement des degrés n'est pas systématique :
- la nécessité de disposer de trois variables indépendantes dont le nombre des degrés est identique ;
- l'économie de groupes de mesures ;
- l'impossibilité de traiter les interactions.

Les plans en carré gréco-latin sont construits comme les plans en carré latin, avec la possibilité d'étudier une quatrième variable.

PARTIE IV

LA PSYCHOLOGIE DIFFÉRENTIELLE

La psychologie peut se définir comme une science du comportement dont l'objectif est de découvrir les lois générales qui s'appliquent à son objet d'étude. Elle a pour objet d'étude la description et l'explication des conduites, des états et des processus mentaux des individus.

La psychologie différentielle est une sous-discipline de la psychologie. Elle est née en Angleterre à la fin du XIXe siècle comme prolongement de la théorie darwinienne de l'évolution, cette dernière étant la résultante d'une sélection qui ne s'avère possible que s'il existe une variabilité des caractéristiques héréditaires. C'est F. Galton (1822-1911) qui jette les bases de l'approche différentielle. Pour observer la variabilité individuelle, il invente des tests s'inspirant de situations de laboratoire. Généralisant l'usage de la courbe de Gauss aux mesures psychologiques, la variabilité individuelle est estimée en différence d'écart à la moyenne de la population rapportée à l'écart type de la distribution.

Pratiquement tous les phénomènes analysés par la psychologie ont fait l'objet d'une approche différentielle, quel que soit leur niveau d'intégration, qu'ils relèvent de la cognition ou de la conation. A l'heure actuelle, la psychologie différentielle traite de problèmes très divers, même si l'intelligence et la personnalité sont toujours les thèmes les plus étudiés.

1. Généralités

Définition

« *Des individus différents ne se comportent pas de façon identique, chaque individu a une façon relativement prévisible de réagir à une situation donnée, chaque collectivité possède des caractéristiques stables : voici des faits établis par l'expérience la plus commune, celle qui permet à chacun de s'adapter de façon tolérable à la vie sociale. Ils constituent une première définition, partielle et grossière, du domaine de la psychologie différentielle.*[1] »

Cette définition de Reuchlin permet de comprendre ce qu'est la première démarche de la psychologie différentielle : elle consiste à décrire les différences entre individus ou entre groupes d'individus, mais aussi à expliquer ces différences. Plusieurs niveaux d'explications sont envisageables. A un premier niveau, on cherchera à mettre en évidence le réseau de relations qui relient entre elles les différences entre les comportements. A un second niveau, on testera la vraisemblance d'un modèle causal permettant de montrer que les différences observées dans tel ou tel comportement sont la résultante de variables dont on est en mesure d'évaluer les effets.

Objectifs

La psychologie différentielle a pour but la description et l'explication des différences observées entre groupes d'individus ou entre individus. Les groupes comparés peuvent être définis *a priori* ou *a posteriori*. Par exemple, si l'on veut mettre en évidence que certains apprentissages sont facilités par un niveau d'anxiété moyen, on constituera alors trois groupes de sujets sur la base de leur score dans un questionnaire d'anxiété. Ce groupe sera défini *a posteriori* : un groupe composé de sujets très anxieux, un groupe composé de sujets moyennement anxieux et un groupe composé de sujets très peu anxieux. Puis on soumettra ces groupes à la situation d'apprentissage.

La psychologie différentielle n'est pas une méthode en soi, bien que certaines méthodes statistiques aient été créées pour répondre à des questions que se posaient certains différentialistes. Par exemple, on peut mettre en évidence les grandes lois de fonctionnement, mais dans une démarche complémentaire, on peut aussi chercher à comprendre comment et pourquoi les individus diffèrent dans la manifestation de

1. Reuchlin, M. (1969), *La Psychologie différentielle*, Paris, PUF, p. 5.

ces grandes lois. Certains thèmes ne peuvent se concevoir sans une approche différentielle : étude de la personnalité, étude des différences entre sexes, origine génétique et/ou environnementale des différences individuelles.

2. La méthode des tests

Définition d'un test

Selon Reuchlin, dans *La Psychologie différentielle*, un test se définit comme « *toute technique permettant une description quantitative contrôlable du comportement d'un individu placé dans une situation définie, par référence au comportement des individus d'un groupe défini, placé dans la même situation* ».

Les qualités métriques d'un test

Avant d'utiliser un test, il est nécessaire de connaître ses qualités métriques que sont la sensibilité, la fidélité et la validité.

La sensibilité

Un test doit pouvoir discriminer les sujets et donc avoir une échelle de mesure assez fine. Ainsi, si tous les sujets ont la même note (bonne ou mauvaise), le test perd toute signification. La lecture de l'étalonnage doit permettre de juger la sensibilité du test.

La fidélité

La note obtenue par un sujet doit être représentative du comportement de ce sujet dans le test. Autrement dit, la note d'étalonnage des sujets doit rester à peu près identique si l'on effectue la mesure plusieurs fois.

Deux façons de mesurer la fidélité

Il existe plusieurs façons de mesurer la fidélité. On en citera deux qui sont complémentaires, dans la mesure où elles n'évaluent pas la même erreur de mesure.

La mesure de l'homogénéité du test ou mesure de l'erreur due à l'échantillonnage des items

On suppose que l'ensemble des items contribue également à la mesure du même concept.

Deux méthodes sont alors envisageables :
• la *méthode des moitiés*, ou méthode pair-impair. Si l'on divise le test en deux (par exemple en prenant d'une part les questions paires et d'autre part les questions impaires), le classement des sujets doit être

identique dans les deux sous-parties du test. On corrige donc les scores obtenus par un groupe de sujets dans les deux sous-parties du test. On calcule aussi le coefficient de corrélation intraclasse pour tenir compte des éventuels effets d'apprentissage entre la première et la seconde partie du test ;
• la *méthode des formes parallèles*. Supposons qu'il existe deux formes du même test : on fait passer les deux formes aux mêmes sujets et il suffit alors de calculer la corrélation (r de Bravais Pearson) entre les notes obtenues aux deux tests par un même groupe de sujets.

La mesure de l'erreur due à l'instabilité des réponses dans le temps ou **test-retest**

On fait passer deux fois le même test à un même groupe de sujets. On calcule ensuite la corrélation (r de Bravais Pearson et corrélation intra-classe) entre les scores obtenus à la première passation et ceux obtenus à la seconde.

Il faut noter que le résultat peut être différent selon la longueur du temps qui s'écoule entre les deux passations. De plus, il peut exister des effets d'apprentissage d'une passation à l'autre. Si le taux d'apprentissage est identique chez tous les sujets, cela n'aura pas d'effet sur les rangs. Seules les moyennes seront différentes, la moyenne étant supérieure à la seconde passation. Cependant, s'il existe un effet d'apprentissage différentiel chez les sujets, la corrélation estimée par le r de Bravais Pearson sera également affectée par l'effet de l'apprentissage.

L'erreur type de mesure (ETM)

Définition

La fidélité d'un test peut être exprimée en termes d'erreur de mesure. Cette définition de la fidélité est indispensable lorsqu'on veut interpréter un score individuel. L'erreur type de mesure (ETM) est facile à calculer lorsqu'on possède le coefficient de fidélité et l'écart type du test :

$$ETM = ET \sqrt{1 - r}$$

ET : écart type de la distribution totale des scores dans le test.
r : coefficient de fidélité du test.

A quoi correspond cette erreur type de mesure ?

On sait que les performances d'un même sujet sont susceptibles d'être modifiées pour des raisons variables et incontrôlables (fatigue, niveau d'attention, motivation, état de santé, etc.). On va donc admettre que le « vrai score » d'un individu sera défini par la moyenne des scores qu'il obtiendrait si l'on répétait *n* fois la mesure. On considère que les scores d'un sujet se répartissent normalement autour de la moyenne de ce sujet. Connaissant cette moyenne et l'ETM, on peut imaginer la distribution des scores de ce sujet, en utilisant les probabilités de la table de la loi normale :

- 68 % des scores vont se situer entre la moyenne « vraie » +/– 1 ETM ;
- 95 % des scores vont se situer entre la moyenne « vraie » +/– 2 ETM.

Dans les manuels de tests, on indique souvent la valeur de l'ETM. On peut alors calculer la marge de variation d'une note observée, en faisant le raisonnement suivant.

Par exemple, si Louis obtient un QI de 105 et si l'ETM est égal à 5 :

- dans 68 % des cas, si je recommence la mesure, j'obtiendrai un score compris entre 100 et 110 (105 +/– 5) ;
- dans 95 % des cas, si je recommence la mesure, j'obtiendrai un score compris entre 95 et 115 (105 +/– 10).

Deux remarques s'imposent alors :

- la note observée de Louis (105) est traitée comme si c'était sa note « vraie ». On commet donc une approximation ;
- le calcul de l'erreur type de mesure se fait à partir de données recueillies sur une population de sujets. La même erreur type de mesure va ensuite être utilisée pour rendre compte des erreurs types de mesure de toutes les notes individualisées. Or il est peu vraisemblable que les erreurs types de mesure (c'est-à-dire les fluctuations des notes autour de la moyenne vraie) soient les mêmes chez tous les individus.

A partir de quelle valeur doit-on considérer que la fidélité d'un test est bonne ?

On ne peut pas répondre à cette question de manière univoque : tout dépend de l'usage que l'on fait du test. Si pour une raison quelconque on a besoin d'avoir une estimation précise de la note d'un sujet, il est clair que le test doit avoir une fidélité approchant la valeur 1. Mais il est des cas où le niveau de précision peut être moins élevé. C'est donc au psychologue de prendre la décision, en fonction des informations qu'il veut tirer du test. Cependant, on ne saurait se contenter de voir si le coefficient de corrélation est significatif. En effet, dire qu'une corrélation est significative au seuil de P = 0,05 signifie qu'on peut affirmer que la corrélation est différente de zéro, avec un risque d'erreur de 5 %.

A noter : il serait illusoire de croire que l'erreur type de mesure est un phénomène propre aux tests, ce qui conduirait à un rejet de ceux-ci au profit d'autres techniques d'évaluation comme l'entretien, par exemple. Ce serait oublier que dès qu'il y a une évaluation, il y a un risque d'erreur.

La validité

Il s'agit de savoir ce que mesure le test : mesure-t-il bien ce qu'il est censé mesurer ? La fidélité est une condition nécessaire mais non suffisante, car un test fidèle peut ne pas être valide pour un critère déterminé.

L'*American Psychological Association* distingue trois types de validité : la validité du contenu, la validité prédictive et celle du concept.

La validité du contenu

Il s'agit de montrer que les items composant le test sont représentatifs de l'ensemble des items susceptibles de mesurer le trait psychologique que le test est censé mesurer.

La validité prédictive ou liée à un critère externe

Il s'agit de savoir si le test permet de prédire la performance qu'obtiendraient les sujets dans d'autres situations bien spécifiques. Pour tester cette validité, il faut d'abord définir le critère externe qui paraît pertinent. Ensuite, il faut faire passer le test à un groupe de sujets, puis connaître les performances de ces mêmes sujets dans le critère externe choisi. Selon le critère, le psychologue sera donc amené à attendre quelques jours : un an, deux ans ou même davantage.

L'ampleur de la validité est définie en termes de corrélation (r de Bravais Pearson) entre les scores dans le test et les scores dans le critère. Le coefficient de validité n'est jamais égal à l'unité, il est donc indispensable de déterminer l'erreur de prédiction (EP). Celle-ci peut être calculée si l'on connaît l'écart type de la distribution du critère (ET) et le coefficient de validité du test :

$$EP = ET\sqrt{1 - r\ valid^2}$$

La connaissance de l'erreur de prédiction va permettre de connaître les limites de la confiance de prédiction. Par exemple, si l'erreur de prédiction est de 6 points, connaissant la note du sujet dans le test, on peut prédire la note dans le critère, avec une fluctuation de +/– 6 points (+/– 1 EP) dans 68 % des cas et de +/– 12 points (+/– 2 EP) dans 95 % des cas.

On voit que la validité d'un test est spécifique au critère avec lequel le test a été validé. Elle n'est pas généralisable à d'autres critères. Dire qu'un test est valide n'a donc de sens que si l'on précise pour quel(s) critère(s) il est valide. Un test sera d'autant plus utile qu'un grand nombre de validations aura été entrepris. C'est en fonction de la décision à prendre qu'on pourra considérer la validité comme « bonne ».

La validité du concept

Les traits psychologiques sont des concepts et les mesures ne sont qu'un moyen d'évaluer les comportements qui s'y rattachent. Avec Reuchlin, on dira que ces mesures constituent la définition opérationnelle du concept, c'est-à-dire l'identification du concept par une opération de mesure. Il faut encore pouvoir montrer que les comportements mesurés par le test se rattachent effectivement au concept. Par exemple, on peut tenter de mesurer le niveau d'activité en mettant un animal dans une roue dite d'activité et compter le nombre de tours effectués par l'animal en un temps donné. Si le test mesure bien le niveau d'activité, on devra observer des corrélations élevées entre les performances observées dans cette épreuve et celles observées dans d'autres épreuves censées également mesurer l'activité. Si les corrélations attendues ne sont pas observées, deux solutions sont alors envisageables :

- on abandonne ou l'on modifie le test ;
- on change la définition du concept.

3. La mesure de l'intelligence

Historique

Les précurseurs

L'Angleterre et la France

En 1870, Galton étudie les sensations et considère que les performances dans les discriminations sensorielles élémentaires ou dans les tâches de coordination motrices sont des indicateurs du comportement intelligent.
En 1884, Galton fonde le Laboratoire d'anthropométrie à l'exposition internationale de la santé.
En 1904, Spearman propose un facteur général, qu'il nomme intelligence générale ou facteur g.

En France, Alfred Binet et Théodore Simon rejettent les positions de Galton : ils pensent que l'intelligence doit se mesurer à partir de tâches complexes (mémoire, imagination, compréhension, etc.).
En 1905, la première échelle d'intelligence est créée.
En 1908, la deuxième échelle est créée. Elle sera révisée en 1911.

Les Etats-Unis

En 1890, Cattell crée l'expression « *test mental* ». Les premiers tests mentaux sont des épreuves mesurant la perception. La mémoire ou la résolution de problèmes, entre autres, sont laissées de côté.
En 1901, Wissler montre que la performance dans les tests de Cattell n'est pas liée à la réussite scolaire ni universitaire. Ces tests seront donc abandonnés.
En 1916, Terman adapte le Binet-Simon et introduit la notion de QI proposée par Stern quelques années auparavant.
En 1939, la première échelle de Wechsler, le QI verbal et le QI performance sont créés.
En 1955, la deuxième échelle de Wechsler est créée. Il s'agit de la WAIS.

L'influence de Jean Piaget

En 1969, l'échelle de pensée logique de Longeot est créée.

Les nouveaux courants de recherche aux Etats-Unis

En 1983, Kaufman propose le K-ABC : cet exemple de test construit à partir d'une théorie est une tentative d'articulation entre les travaux de psychologie expérimentale, de psychologie cognitive et de neuropsychologie.

Le calcul de l'âge mental selon Binet et Simon

En 1904, une commission ministérielle charge Binet d'imaginer un moyen de dépister les enfants débiles. Avec l'aide de Simon, Binet conçoit une échelle de développement où la notion d'« *âge mental* » tient une place privilégiée. Ainsi, l'âge mental d'un enfant de sept ans est caractérisé par ce que peuvent faire en moyenne les enfants du même âge. Connaissant la note d'un enfant dans le test ainsi que son âge réel, on peut alors estimer, par une simple différence, le retard ou l'avance de cet enfant par rapport aux enfants du même âge.

Ce calcul présente des inconvénients importants, car le même nombre de mois de retard n'a pas la même signification selon que l'enfant a quatre mois, deux ans ou dix ans d'âge réel. En 1912, Stern propose alors de diviser l'âge mental par l'âge réel et de multiplier le résultat par 100, ce qui donne :

$$\text{QI} = \frac{\text{Age mental}}{\text{Age réel}} \times 100$$

Un enfant de sept ans qui répond correctement à autant de questions que les enfants de sept ans, en moyenne, a donc un QI égal à 100. S'il répond à davantage de questions, son QI est supérieur à 100. En revanche, s'il répond à moins de questions, son QI est inférieur à 100.

Les théories factorielles de l'intelligence

L'analyse factorielle est une technique qui permet de condenser un ensemble de corrélations. Si les variables soumises à une analyse factorielle sont fortement corrélées, on peut extraire un facteur général, qui est en quelque sorte une nouvelle variable rendant compte de l'ensemble des tests. Une économie est ainsi réalisée puisqu'au lieu de *n* variables, on n'en a plus qu'une.

On doit à Spearman (en 1904 et 1917) la mise en évidence du facteur g d'intelligence. Il interprète le facteur commun à toutes les épreuves comme étant l'aptitude à l'éduction de relations et de corrélats.

Entre 1940 et 1967, Cattell développe un modèle dans lequel il postule l'existence de deux grandes dimensions :
- l'intelligence fluide, qui caractériserait la capacité de percevoir les relations ;
- l'intelligence cristallisée, qui serait le produit de l'intelligence fluide et des effets de l'expérience.

D'une façon générale, on peut dire qu'une partie importante de la communauté scientifique américaine reste très attachée à l'existence d'un facteur g ou à celle des deux facteurs g de Cattell.

Le K-ABC et le WISC III

A noter : cette brève présentation du K-ABC et du WISC III ne saurait dispenser les étudiants d'aller en testothèque pour manipuler les tests et lire les manuels d'utilisation.

Le K-ABC

Objectifs

Le K-ABC (*Kaufman Assessment Battery for Children*) est mis au point en 1983 par Alan S. Kaufman et Nadeen L. Kaufman. Les éditions du Centre de psychologie appliquée (ECPA) publient une adaptation française en 1993 et M. E. Spitz propose un document rédigé en 1994.

Le K-ABC s'adresse à des enfants âgés de 2 ans et 6 mois à 12 ans et 6 mois. 16 subtests sont proposés, ou non, en fonction de l'âge de l'enfant. Les épreuves du K-ABC s'appuient le moins possible sur le langage et permettent une meilleure évaluation des enfants qui présentent des handicaps auditifs, des troubles du langage et des enfants étrangers non francophones.

Le K-ABC comprend trois parties : deux mesurant des processus mentaux et une mesurant les connaissances. Les fondements théoriques des deux premières parties du K-ABC proviennent, en particulier, des études d'un neurologue, Luria, qui a montré dans les années 50 en URSS qu'il était possible de traiter les informations qui nous parviennent de notre environnement soit en séquences, soit simultanément.

On cherche donc à connaître le mode de traitement que l'enfant privilégie, s'il en a un. Dans ce dessein, on propose à l'enfant des tâches qui sont mieux réussies si un type de traitement est utilisé plutôt qu'un autre :
- les processus mentaux séquentiels reposent sur le traitement en ordre temporel d'informations présentées en série ;

• les processus mentaux simultanés permettent une intégration « globale » de ces informations.

Les épreuves de processus sont conçues de manière à minimiser le rôle des différences dans les connaissances et dans le langage.

Description des différentes échelles

L'échelle des processus mentaux séquentiels

Trois épreuves constituent cette échelle :
• le mouvement de main. L'enfant doit reproduire une séquence de mouvements de main effectuée sur la table par l'examinateur avec le poing, la paume ou le côté de la main ;
• la mémoire des chiffres. L'enfant doit répéter, dans l'ordre, une série de chiffres énoncés par l'examinateur ;
• la suite de mots. L'enfant doit montrer du doigt des silhouettes d'objets usuels, dans l'ordre où l'examinateur les a nommés. Au milieu de l'épreuve, il y a introduction d'une tâche qui vise à rendre les choses plus difficiles : l'enfant doit nommer des couleurs pendant cinq secondes avant de montrer les silhouettes d'objets.

L'échelle des processus mentaux simultanés

Sept épreuves constituent cette échelle :
• la fenêtre magique. L'enfant doit identifier et nommer un objet dont on a fait tourner l'image derrière une fente étroite, de façon à ce que l'image ne soit, à tout moment, que partiellement visible ;
• la reconnaissance de personnes. L'enfant doit fixer son attention sur la photographie d'un ou de deux visages présentés brièvement, puis il doit reconnaître ce(s) visage(s), dans une position différente, sur une photo de groupe ;
• la reconnaissance de formes. L'enfant doit « remplir les blancs » d'un dessin en tâche d'encre qui est incomplet et nommer ou décrire ce dessin. Cet exercice exige l'identification de l'ensemble de la figure à partir d'informations visuelles incomplètes ;
• les triangles. L'enfant doit rassembler plusieurs triangles en caoutchouc (tous identiques, bleu d'un côté et jaune de l'autre) de façon à reproduire un modèle abstrait ;
• les matrices d'analogies. L'enfant choisit, par raisonnement, une image ou un dessin qui complètent la série de dessins qui lui est proposée ;
• la mémoire spatiale. L'enfant doit se rappeler l'emplacement d'images placées au hasard sur une page ;

• les séries de photos. L'enfant doit organiser de manière chronologique un ensemble de photos, présentées au hasard, qui présente une succession d'événements.

L'échelle de connaissance

Six épreuves constituent cette échelle :
• le vocabulaire courant ;
• les personnages et les lieux communs ;
• l'arithmétique ;
• les devinettes
• la lecture et le déchiffrement ;
• la lecture et la compréhension.

Comme dans le cas du WISC III, pour chaque test des processus mentaux, les notes standard se distribuent normalement avec une moyenne de 10 et un écart type de 3. Pour chaque subtest de connaissance et chaque échelle globale, la moyenne est de 100 et l'écart type, de 15.

Le WISC III

La version française du WISC III (*Wechsler Intelligence Scale for Children*) paraît en 1981, aux éditions du Centre de psychologie appliquée.

Le WISC III est applicable à partir de 6 ans et jusqu'à 16 ans. Il comprend six subtests verbaux et six subtests de performance.

Définition de l'intelligence

Dans son ouvrage *La Mesure de l'intelligence de l'adulte*[2], David Wechsler définit l'intelligence comme « *la capacité globale ou complexe de l'individu d'agir dans un but déterminé, de penser de manière rationnelle et d'avoir des rapports utiles avec son milieu* ».

L'intelligence n'est pas une simple somme d'aptitudes, dans la mesure où tout dépend de la façon dont ces dernières se combinent. Wechsler distingue :
• l'intelligence abstraite, ou la facilité à se servir de symboles ;
• l'intelligence sociale, ou la facilité à s'entendre avec les autres ;
• l'intelligence pratique, ou la facilité à manipuler les objets.

---

2. *WECHSLER, D. (1944), La Mesure de l'intelligence de l'adulte*, Paris, PUF, 1973.

Toutefois, Wechsler pense qu'il y a une certaine unité entre toutes ces facettes de l'intelligence, d'où la nécessité d'un score global s'apparentant à la notion du facteur g : c'est le QI total. Wechsler pense introduire la mesure de facteurs de tempérament dans l'échelle de performance.

Description de l'échelle du WISC III

C'est une adaptation pour les enfants du test pour adulte. L'échelle comprend deux parties : les tests verbaux et les tests de performance.

Le test verbal

Six subtests constituent ce test :
• les informations. Elles indiquent l'intérêt qu'un individu porte au monde autour de lui et nous renseignent sur ses connaissances générales ;
• les similitudes. L'enfant doit indiquer en quoi deux choses se ressemblent ;
• l'arithmétique. L'enfant doit résoudre mentalement des problèmes d'arithmétique ;
• le vocabulaire. L'enfant doit suggérer une définition à partir d'un mot proposé. Ce subtest mesure à la fois l'aptitude à apprendre, la connaissance des mots et l'étendue générale des idées ;
• la compréhension. On propose à l'enfant des situations diverses et l'enfant doit dire le comportement qu'il est souhaitable d'adopter selon la situation. La réussite à ce subtest va dépendre de l'acquisition d'informations pratiques et de l'aptitude générale à évaluer l'expérience passée de l'enfant ;
• la mémoire immédiate des chiffres. L'enfant doit répéter une suite de chiffres dans l'ordre de présentation et dans l'ordre inverse.

Le test de performance

Six subtests constituent ce test :
• le complètement d'images. L'enfant doit indiquer ce qui manque sur des images. Ce subtest mesure les aptitudes fondamentales de perception et de conception qui font appel à la reconnaissance visuelle et à l'identification des formes d'objets familiers ;
• l'arrangement d'images. L'enfant doit remettre dans l'ordre une série d'images qui racontent une histoire. Ce subtest mesure l'aptitude de l'enfant à comprendre et à saisir une situation dans son ensemble ;
• les cubes. L'enfant doit reproduire des dessins, à l'aide de cubes ;
• l'assemblage d'objets. L'enfant doit reconstituer une image à partir d'éléments à assembler ;

• le code, ou les labyrinthes. L'enfant dispose d'un code associant des chiffres et des symboles. Il doit écrire le plus rapidement possible les symboles correspondant à une série de chiffres ;
• les symboles. L'enfant doit retrouver un symbole dans une série de cinq symboles.

Les notes standard se distribuent normalement avec une moyenne de 10 et un écart type de 3.

La construction des tables de QI

Pour chaque sujet, on obtient la somme des cinq subtests verbaux, la somme des cinq subtests de performance et celle des dix subtests (verbaux + performance). Les tests supplémentaires sur la mémoire immédiate des chiffres et des labyrinthes n'entrent pas dans le calcul du QI. Pour chaque groupe d'âge, on calcule les moyennes et les écarts types des trois sommes de notes standard. Ensuite, chaque moyenne des trois sommes de notes standard est ramenée à 100, avec un écart type de 15.

Les problèmes déontologiques posés par l'usage des tests

L'usage de tests a été violemment critiqué, en particulier aux Etats-Unis. Les raisons en sont diverses, mais on peut citer la méconnaissance, pendant une certaine période, de la notion d'erreur de mesure et d'erreur de prédiction, accompagnée d'une mauvaise compréhension de la notion de corrélation, chez de nombreux psychologues. Les critiques ont permis une prise de conscience des dangers d'une utilisation abusive des tests. Cependant, la position extrême qui consiste à refuser d'utiliser des instruments conduit à des abus au moins aussi dangereux, avec l'utilisation de méthodes non valides comme la graphologie, la numérologie, etc.

De fait, le problème de déontologie renvoie à deux questions fondamentales :
• quelles règles d'application faut-il respecter ? Le psychologue doit être compétent et doit avoir reçu une formation théorique et pratique adéquate. Actuellement, la loi définit les conditions d'obtention du titre de psychologue : master professionnel ou recherche de psychologie, diplômes de psychologue scolaire et de conseiller d'orientation psychologue. La protection du citoyen doit être respectée (secret professionnel). De plus, il faut savoir que chacun a le droit de connaître ses propres résultats ;

• quelle est la valeur de l'outil ? Un psychologue se doit de ne pas utiliser un outil dont la sensibilité, la fidélité et la validité ne seraient pas satisfaisantes. Si un manuel de test ne présente pas ces informations, le mieux est de ne pas se servir du test ou de faire une étude afin d'en connaître les qualités métriques.

PARTIE V

LA PSYCHOLOGIE COGNITIVE

La psychologie cognitive s'inscrit dans la continuité historique de la psychologie générale expérimentale et constitue une discipline des sciences cognitives qui cherche à déterminer :

• comment un système naturel (humain ou animal) ou artificiel (robot) acquiert des informations sur le monde dans lequel il se trouve ;

• comment ces informations sont représentées et transformées en connaissances ;

• comment ces connaissances sont utilisées pour guider son attention et son comportement.

La psychologie cognitive est la sous-discipline de la psychologie qui étudie la cognition, faculté mobilisée dans de nombreuses activités comme la perception, les sensations, les actions, la mémorisation et le rappel d'informations, la compréhension et la production du langage, etc. Le but des cognitivistes est de déterminer par quels mécanismes nous réalisons toutes les tâches auxquelles nous sommes confrontés, en dressant une liste précise des opérations mentales élémentaires décrivant comment un sujet accomplit une tâche cognitive. Ils tentent de découvrir ces mécanismes cognitifs en mettant au point des expériences qui peuvent se dérouler en laboratoire ou non.

Dans ce chapitre consacré à la psychologie cognitive, nous nous concentrerons sur un thème primordial de ce domaine : la mémoire. Comme nous l'avons déjà précisé, la psychologie cognitive traite de fonctions psychologiques très diverses telles que l'apprentissage, les perceptions, la prise de décision et le jugement. Actuellement, on s'aperçoit qu'il est impossible d'aborder un domaine en psychologie sans faire appel à la mémoire. La mémoire ne peut plus s'étudier indépendamment d'autres fonctions comme la compréhension de mots ou de textes, le raisonnement ou les fonctions intellectuelles, qui relèvent de mêmes structures cognitives et font appel à un stockage de l'information.

La mémoire définit la capacité mémorielle et la mémorisation évoque le processus psychologique qui y correspond. La mémoire peut se définir comme la capacité à acquérir, à conserver et à restituer des informations.

Deux types de mémoire sont à distinguer :

- la mémoire déclarative. On parle de mémoire sémantique lorsque le matériel à apprendre est verbal et de mémoire d'images lorsque celui-ci est symbolique. Ces deux mémoires constituent la mémoire déclarative, qui fait référence à la connaissance que nous avons des objets, des faits, des informations et des événements qui peuvent être verbalisables ;
- la mémoire procédurale, qui contient les informations sur les habiletés à faire un certain nombre de choses.

1. La mémorisation

Les différentes étapes du processus de mémorisation

L'encodage de mémorisation

L'encodage de mémorisation correspond à une acquisition avec un stockage de l'information qui peut être du matériel verbal ou symbolique : le matériel peut être présenté soit *n* fois, soit avec des intervalles différents entre les présentations.

La phase de rétention ou la conservation de l'information

La durée de cette phase est très variable : elle peut aller de quelques secondes (mémoire à court terme), de plusieurs jours, à plusieurs années (mémoire à long terme). C'est une période toujours analysée en psychologie cognitive, où la conscience n'est pas un critère prouvant l'existence d'un traitement de l'information. L'information ainsi traitée peut faire l'objet d'une transformation (pas forcément consciente), d'une consolidation ou d'un oubli.

La phase d'actualisation

Cette phase concerne ce qui est observable par l'expérimentateur. Il va s'agir, pour le sujet, de produire une réponse qui va couvrir quatre domaines possibles.

Le rappel libre

L'expérimentateur présente au sujet une liste de mots ou un texte à apprendre et un rappel lui est demandé. Si le sujet oublie de rappeler un item, on parle d'omission et s'il rappelle un item étranger à la liste d'apprentissage, il s'agit d'une intrusion. Le pourcentage d'erreurs cumule les omissions et les intrusions.

En 1970, Kintsch conçoit le modèle du rappel en deux processus :
• la génération. Le sujet fait une recherche mentale des mots de la liste en produisant ainsi, de façon implicite, un certain nombre de mots candidats pour le rappel ;
• la sélection. Parmi les mots générés lors de la phase précédente, le sujet va en sélectionner certains qui donneront lieu à une réponse explicite. Cette étape correspond à un processus de décision.

Le processus de reconnaissance

Après la présentation au sujet du matériel à apprendre, ce dernier est mélangé avec un autre matériel. On peut appliquer le texte de reconnaissance en jouant sur la proportion des mots étrangers par rapport aux mots appris et surtout, en jouant sur leur similitude. Par exemple, le sujet peut apprendre une liste de noms de fruits auxquels on mêlera ensuite soit des noms d'animaux qui ne présentent aucune similitude, soit d'autres noms de fruits pour lesquels la similitude maximale entraînera une augmentation des erreurs. Si le sujet reconnaît faussement un item, on parle de fausse reconnaissance et s'il oublie de reconnaître un item, il s'agit d'une omission.

Le rappel indicé

Seul un indice est donné au sujet pour l'aider dans la recherche du matériel à rappeler.

Les conduites de réapprentissage

Le sujet va réapprendre un matériel appris antérieurement et l'expérimentateur va comparer le premier et le second apprentissages, afin de déterminer l'existence d'un gain.

Les caractéristiques du matériel

La composition du matériel

Le matériel utilisé lors d'expériences sur la mémorisation se compose d'une :
• liste de mots ;
• liste de non-mots, mots qui n'appartiennent pas à la langue française et dont la succession des consonnes et des voyelles n'est pas pertinente ;
• liste de pseudo-mots, mots qui n'appartiennent pas à la langue française et dont la succession des consonnes et des voyelles respecte les règles de la langue.

Plus le matériel est long et plus la mémorisation est difficile, mais le temps nécessaire pour apprendre un matériel augmente plus rapidement que le matériel lui-même.

Les effets de la fréquence d'usage des mots

On dispose d'un corpus de mots issus de textes très variés et le nombre d'apparitions d'un mot dans ce corpus est comptabilisé. Par exemple, « la » peut correspondre à un article ou à une note de musique et « rose », à une fleur ou à une couleur. Par ces calculs, des tables de fréquence d'usage des mots sont ainsi mises en place

La familiarité des mots est déterminée par la fréquence d'un mot pour un sujet donné.

L'influence du caractère agréable ou désagréable du matériel

Un matériel ayant une forte coloration affective, qu'elle soit agréable ou désagréable, sera mieux retenu que celui qui a une valeur affective neutre.

L'étude de l'influence du caractère du matériel nécessite deux étapes :
• l'évaluation de la valeur affective du matériel, qui peut être positive (agréable), négative (désagréable) ou neutre ;
• l'expérience proprement dite, au cours de laquelle on utilise les différents matériels comme variables indépendantes et un test mnésique (rappel, reconnaissance, etc.).

2. La structure et le fonctionnement de la mémoire

Vue panoramique de la structure de la mémoire

Trois registres sont à distinguer, bien qu'ils doivent être considérés comme unitaires.

Le registre d'informations sensoriel (RIS)

Toutes les informations sont reçues dans leur modalité de réception (visuelle, tactile et auditive). Si l'information est visuelle, elle sera traitée sous forme d'une image mentale et si elle est auditive, elle sera traitée sous forme d'une image acoustique. Dans ce registre, l'information est soumise à un déclin très rapide et sera irrémédiablement perdue si, passé une seconde, elle n'est pas transférée en MCT.

La mémoire à court terme (MCT)

C'est un lieu de stockage d'une information traitée au moment où le sujet la reçoit (mémoire de travail). Ayant une capacité limitée, la MCT ne peut accepter qu'une partie de l'information provenant du RIS. Comme précédemment, cette information va subir un déclin après un laps de temps pouvant aller jusqu'à 20 secondes, sauf si elle est répétée ou transférée en MLT.

La mémoire à long terme (MLT)

Elle a une capacité illimitée et contient toutes les informations sur le monde et le langage. Pour cette raison, elle est liée à toutes les activités cognitives et en particulier à tous les problèmes de compréhension. L'information ne sera conservée en MLT que si elle est organisée, c'est-à-dire mise systématiquement en relation avec des informations antérieurement stockées en MLT.

Les recherches de Sperling sur le RIS (1960)

Principe

A l'aide d'un tachistoscope, on présente au sujet une première carte où seul un point de fixation central est représenté. Après un laps de temps très bref, la carte stimulus, sur laquelle neuf ou douze lettres figurent, lui est présentée pendant 50 millisecondes. La tâche du sujet est de rappeler le plus de lettres possible.

Les résultats indiquent que les sujets se rappellent en moyenne quatre ou cinq lettres, quel que soit le nombre de lettres présentées. Ce résultat peut être interprété de deux manières :
- soit il reflète la capacité maximale du RIS ;
- soit il est lié à la MCT, et non plus au RIS.

But

Les expériences de Sperling servent à tester la capacité réelle du RIS. Pour cela, il va reprendre son expérience précédente en ajoutant, après la carte stimulus, une carte blanche suivie d'une carte où figure un marqueur à l'endroit d'une lettre. La tâche du sujet sera de rappeler la lettre cachée par le marqueur. Lorsque neuf items sont présentés, la capacité du RIS est à son maximum et l'on peut donc en déduire que le RIS peut contenir beaucoup plus d'informations qui, par la suite, ne pourront pas être utilisées. Si l'on augmente l'intervalle de présentation entre la carte stimulus et le marqueur, on remarque que le bénéfice de l'effet du marqueur diminue, car le sujet se verra obligé de transférer, avec succès, les informations en MCT pour pouvoir répondre correctement. Ce résultat indique que la capacité du RIS est plus importante que celle de la MCT.

3. Les problèmes liés à la MCT

Nous avons précédemment vu que si la technique classique de mesure du RIS est une présentation d'items (chiffres, lettres et mots) suivie d'un rappel, la capacité de la MCT se définit alors comme le nombre d'items maximal correctement rappelés. Les résultats indiquent que ce nombre est de cinq items environ. Toutefois, le sujet peut augmenter la capacité de sa MCT en regroupant, grâce à la MLT, un certain nombre d'items. C'est ce transfert d'informations de la MCT à la MLT qui explique l'effet sériel.

La mise en évidence de l'effet sériel

Après la présentation d'une liste d'items, on demande au sujet un rappel du matériel sans intervalle de rétention, puis par le calcul de la moyenne des items rappelés et en fonction de leur position dans la liste, on obtient la courbe de l'effet sériel.

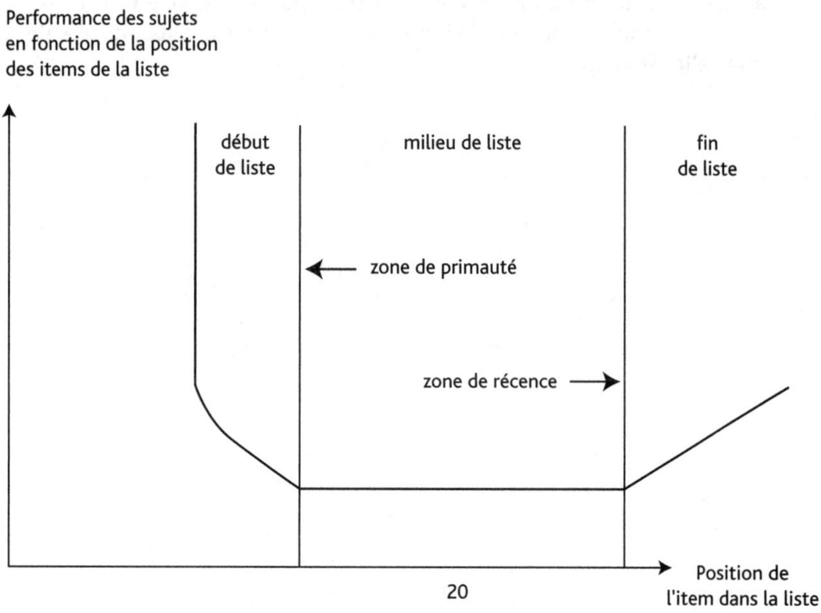

Atkinson et Shiffrin proposent l'hypothèse selon laquelle le processus central de la MCT serait l'autorépétition. Les premiers items de la liste sont traités en MCT et l'effet de primauté est lié à cet effet de répétition. Aux septième, dixième et quinzième items, la MCT est saturée et le sujet va évacuer progressivement les informations vers la MLT. Au moment où la consigne de rappel est demandée au sujet, il a encore en tête, grâce à la chambre écho qui laisse une trace sonore, les derniers items. Cet effet sériel n'est observable que si le matériel est parfaitement contrôlé : même fréquence d'usage des mots, même familiarité, même longueur, etc..

L'expérience de Rundus (1971)

Rundus veut vérifier si la répétition par le sujet des premiers items de la série produit un effet favorable sur le rappel. Il demande au sujet de faire un rappel à haute voix, afin de mesurer le comportement.

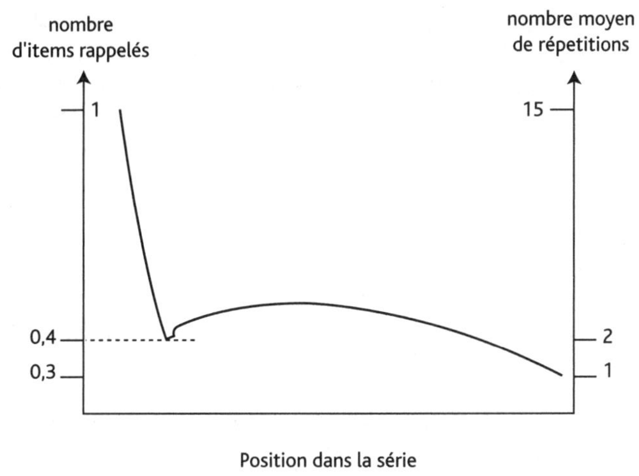

La répétition est fréquente pour les premiers items de la série, mais elle va décroître régulièrement, au fur et à mesure de la présentation de la liste d'items. Cette expérience prouve l'existence d'une répétition mentale en MCT.

L'expérience de Baddly et Hitch (1974)

Leur but est de voir si le fait d'interdire au sujet la répétition des items en MCT va entraîner une conséquence sur l'effet sériel. Baddly et Hitch constatent l'absence de l'effet de primauté et la présence de l'effet de récence.

Hitch propose aux sujets une liste de 16 mots à rappeler. Trois groupes de sujets sont constitués :
• le groupe contrôle, soumis à une procédure classique de présentation d'items suivis d'un rappel ;
• le premier groupe expérimental. Avant la présentation du matériel, une épreuve de mémorisation de trois chiffres à rappeler à la fin de l'expérience est demandée aux sujets ;
• le deuxième groupe expérimental. Même consigne que pour le premier groupe expérimental, mais la mémorisation porte sur six chiffres.

Au niveau des résultats, les auteurs s'attendent à un effet sériel classique pour le groupe contrôle et à un effet de primauté gêné par l'introduction de chiffres à rappeler pour les groupes expérimentaux, l'effet de primauté étant d'autant plus faible que l'on passe de six à trois chiffres. Concernant l'effet de récence, aucun changement n'est observable pour les trois groupes.

La MCT a une capacité limitée avec, au niveau du fonctionnement, un processus actif, celui de la répétition des items qui présente deux fonctions :
• maintenir le plus longtemps possible l'information en MCT ;
• le transfert en MLT.

Si l'information est jugée peu utile par le sujet, elle fera alors l'objet d'un oubli. Par contre, si elle est utile, elle sera transférée en MLT.

L'oubli

Si à un moment T, un sujet X peut évoquer un événement Y et que, à un moment T + 1, ce même sujet ne peut plus l'évoquer, on dit que le sujet a oublié cet événement. La courbe de l'oubli est très typique. Dans la première heure, un déclin excessivement rapide est observé, puis il va se ralentir dans les heures suivantes pour s'atténuer et devenir extrêmement faible au cours des jours suivants.

Nous présenterons deux hypothèses concurrentes concernant le processus de l'oubli : l'oubli par estompage et celui par interférence.

L'oubli par estompage

Dans leur expérience, Peterson et Peterson présentent aux sujets des trigrammes (ensembles de trois consonnes). La consigne est le rappel de ces derniers après soit 3, 6, 9, 12, 15 ou 18 secondes. Entre le moment où le matériel est proposé et la demande de rappel, les sujets sont soumis à un calcul mental où ils doivent décompter de trois en trois à partir d'un chiffre donné.

Les auteurs proposent deux hypothèses :
• le calcul mental empêchera la répétition du matériel et la performance sera donc fonction du temps qui sépare la présentation des trigrammes et leur rappel. Ainsi devrait-elle être excellente lorsque le rappel suit immédiatement la présentation, mais très mauvaise après 18 secondes. Les résultats confirment cette hypothèse : lorsque l'intervalle est de trois secondes, 80 % des items sont rappelés, mais passé six secondes, seuls 20 % des items sont rappelés. On peut donc en conclure que l'oubli s'installe progressivement, au fur et à mesure que le temps s'écoule ;
• dans la mesure où le rappel des trigrammes et la tâche de calcul mental sont dissemblables, ils ne se gêneront pas et n'interféreront donc pas ensemble. D'autres auteurs, Waugh et Norman, ont remis en question cette hypothèse et proposent celle selon laquelle l'oubli ne serait pas dû au temps, mais serait le résultat d'un phénomène d'interférence entre les informations stockées en MCT. L'arrivée de nouveaux items en MCT excéderait la capacité limitée de celle-ci et provoquerait une interférence avec les items déjà présents en mémoire.

L'oubli par interférence

En 1965, Waugh et Norman testent leur hypothèse, citée précédemment, par la technique du chiffre sonde.

Ils présentent verbalement aux sujets une série de 15 chiffres, au rythme d'un chiffre par seconde dans un premier groupe et de quatre chiffres par seconde dans un deuxième groupe, suivie par la présentation d'un seizième chiffre qui constitue la sonde. Seul un chiffre de la série est identique au chiffre sonde.

Exemple : 6 – 5 – 2 – 8 – 3 – 1 – 7 – 9 – 4 – 1 – 8 – 3 – 5 – 6 – 4 – 9.
Le chiffre 9 constitue la sonde et le sujet va devoir rappeler le chiffre qui, dans la série, suit le 9 soit, ici, le chiffre 4. Le degré d'interférence est lié au nombre d'items nouveaux qui arrivent en mémoire et qui vont s'interposer entre la présentation de l'item à rappeler et son rappel, soit sept items dans cette expérience.

Si les items interférents sont peu nombreux, l'intervalle de temps séparant la présentation du matériel et son rappel est alors très court. Mais cet intervalle est beaucoup plus long si les items interférents sont nombreux. Dans cette expérience, les variables indépendantes (le nombre d'items interférents et le laps de temps s'écoulant entre la présentation et le rappel) se confondent et l'étude de l'oubli par interférence présente la difficulté expérimentale de dissocier ces deux facteurs de variations, dans la mesure où plus le temps est long, plus le nombre d'items interférents augmente.

La technique expérimentale de Peterson et Peterson est excellente, à condition qu'ils prouvent que les deux tâches ne peuvent pas interférer.

L'interférence

La similitude entre les tâches

Dans le domaine de la mémoire, le nombre d'essais va augmenter si la similitude entre les tâches augmente elle aussi. Il sera plus difficile d'apprendre le semblable que le différent. En général, la similitude va gêner l'apprentissage et provoquer des inhibitions, plus que des transferts.

Deux sortes d'interférences

L'ordre de succession entre les tâches permet de déterminer deux sortes d'interférences entre les tâches :
- l'interférence rétroactive, lorsqu'un apprentissage ultérieur perturbe l'apprentissage antérieur ;
- l'interférence proactive, lorsqu'un apprentissage passé perturbe un apprentissage futur.

La reconnaissance et la récupération de l'information en MCT

En 1966, Sternberg se demande si le sujet récupère l'item en MCT après un examen exhaustif du contenu total de sa MCT et si tel est le cas, de quelle nature est ce processus.

Deux processus sont à distinguer :
- le processus sériel, où le sujet passe en revue, l'un après l'autre, en série, tous les items de sa MCT ;
- le traitement en parallèle, où le sujet envisage plusieurs possibilités en même temps.

La technique est de présenter au sujet des ensembles d'items de tailles inférieures à la capacité de la MCT, c'est-à-dire au maximum six items. Une épreuve de reconnaissance lui est ensuite demandée.

Sternberg pose l'hypothèse que si le processus est sériel, plus l'ensemble des items sera important et plus le temps mis par le sujet pour reconnaître l'item sera long.

La mémoire de travail

Définition

Les chercheurs tentent de justifier une conception de la mémoire comportant Z systèmes différents. On distingue un premier registre à court terme, avec une capacité de stockage limitée, qui utiliserait un codage de l'information chronologique, et un second registre à long terme, avec une capacité de stockage pratiquement illimitée, mais qui présente des contraintes concernant la vitesse de stockage, qui utiliserait un codage du contenu sémantique du matériel.

La MCT fonctionne comme une mémoire de travail avec pour fonction de retenir, de façon temporaire, les informations venant soutenir les activités cognitives.

Les différents modules de la mémoire de travail

La mémoire de travail est composée de plusieurs modules :
- la boucle phonologique concerne les informations verbales. Elle se compose d'une unité de stockage phonologique, où les trous mnésiques ne seraient disponibles que deux secondes avant d'être irrécupérables, et d'un processus de contrôle articulatoire qui repose sur le langage intérieur. Il s'agit d'un processus de répétition des informations contenues dans l'unité de stockage ;
- la tablette visuo-spatiale concerne le stockage des images mentales. On y retrouve les mêmes phénomènes d'interférence lorsqu'on demande au sujet une mémorisation nécessitant la formation d'images mentales et qu'on lui présente, au moment du rappel, de simples tâches colorées ;
- la chambre à écho est à l'origine de l'effet de récence ;
- un module de gestion centrale de la MCT coordonnerait les autres modules.

4. La mémoire à long terme

L'encodage de l'information

Un apprentissage sémantique et phonologique

La mémoire à long terme dispose d'une capacité de stockage pratiquement illimitée, où l'information doit être stockée sous une forme organisée : l'information nouvelle est organisée avec l'information ancienne dans le but de l'enrichir. L'encodage de l'information en MLT doit se faire à un niveau plus profond que celui en MCT : il doit être sémantique.

L'apprentissage d'une liste de 20 mots peut être traité soit au niveau phonologique, soit au niveau sémantique, et de différentes manières.

Au niveau phonologique, le sujet :
- se contente de répéter les mots autant de fois qu'il le peut ;
- essaie de trouver des associations entre ces mots ;
- évoque des images mentales.

Au niveau sémantique, le sujet essaie de construire une histoire qui tournera autour des 20 mots à apprendre.

L'importance de l'image mentale dans le processus de mémorisation

Les premières études qui, dans le domaine de la mémorisation, ont traité des images mentales définies comme des événements psychologiques dégagés des expériences perceptives, ont comparé la mémorisation de mots concrets à celle de mots abstraits. On s'aperçoit alors que la mémorisation des mots concrets est favorisée, que le matériel soit présenté sous forme de mots (avec pour consigne la formation d'une image mentale) ou sous forme de dessins. Cela démontre l'effet positif de l'image mentale dans le processus de mémorisation.

La méthode des localisations découle des techniques mnésiques. Le principe de cette technique est de se représenter sous forme d'images des lieux familiers et d'y associer un matériel à apprendre à chacun de ces emplacements successifs : le RIS, la MCT et la MLT.

L'expérience de Paivio (1968)

En 1968, Paivio propose l'hypothèse du double codage. Le dessin d'un objet ou d'une situation serait codé et stocké en mémoire sous deux formes :

• une forme verbale, correspondant au mot désignant l'objet ;
• une forme imagée, qui reflète les caractéristiques figuratives du dessin.

Au moment du rappel, la réponse correspondant à ce qui a été appris peut être retrouvée à partir de l'une ou l'autre de ces représentations.

Les mots concrets seraient codés à la fois sous une forme verbale et imagée, et donc plus facilement récupérables, alors que les mots abstraits ne bénéficiant que du codage verbal, produiraient une baisse de performance, une représentation imagée étant impossible.

La présentation de dessins et de mots concrets donne lieu à un codage verbal et imagé, dit « codage analogique », qui sera peu probable pour les mots abstraits. En effet, ces derniers ne peuvent pas susciter d'images mentales et donc pas de codage analogique. Aussi, les performances seront meilleures pour le dessin, puis pour les mots concrets et enfin pour les mots abstraits.

Stimulus	Codage imagé	Codage verbal
Dessin	+ + +	+ +
Mot concret	+	+ + +
Mot abstrait	–	+ + +

Ayant reçu de nombreuses confirmations expérimentales concernant sa première hypothèse, Paivio met l'accent sur les processus d'organisation du matériel, dans une seconde hypothèse. L'imagerie aurait des effets facilitateurs, car elle permet une meilleure organisation du matériel et la restitution s'en retrouverait facilitée.

L'expérience de Holyck et coll. (1972)

Ils proposent une mémorisation de couples de mots accompagnés de leur dessin respectif : les dessins sont présentés soit l'un à côté de l'autre, soit en interaction. La restitution du matériel se fera par les épreuves de reconnaissance et de rappel indicé pour le premier élément du couple. Le tableau qui suit indique les résultats.

Groupe	Reconnaissance	Rappel indicé
Interaction	87 %	53 %
Sans interaction	83 %	27 %

La position théorique actuelle n'oppose pas ces deux hypothèses, mais préfère les considérer comme complémentaires. Il y aurait ainsi une conjonction des processus liés au double codage et à l'organisation du matériel.

L'organisation de l'information sémantique en MLT

En psychologie, il faut distinguer la forme du mot, le signifiant, et sa signification.

Les expériences de Bousfield (1950-1953) et de Bower

Bousfield demande aux sujets de mémoriser une liste de 60 mots appartenant à quatre catégories naturelles de manière équitable (fruits, animaux, fleurs et légumes). La présentation est aléatoire. En voulant étudier l'ordre de rappel des mots, Bousfield observe que les sujets procèdent à des regroupements de mots par catégories. La catégorie fonctionnerait donc comme une unité en mémoire et augmenterait ainsi la capacité mnésique de l'individu.

C'est à partir de cette expérience que Bower étudie la manière dont le sujet va organiser son matériel en mémoire. Il émet l'hypothèse que les sujets organisent le matériel dans leur mémoire de manière hiérarchique.

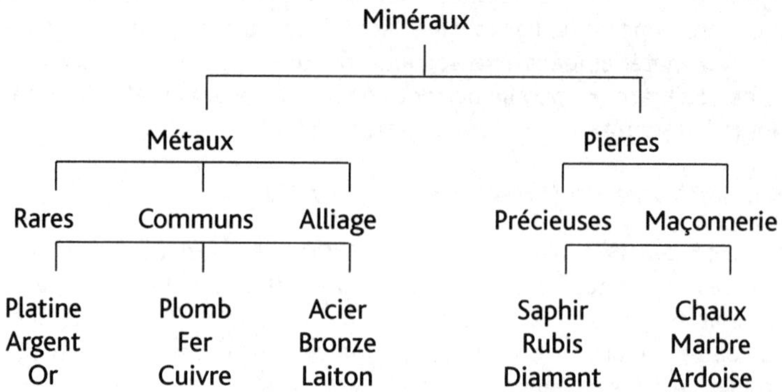

Pour tester son hypothèse, Bower propose aux sujets l'apprentissage de quatre catégories, en 56 secondes chacune. Dans un premier groupe, les catégories sont présentées de manière conforme à l'organisation hiérarchique proposée et dans un second groupe, les mots de la catégorie sont situés au hasard dans l'organisation.

Les sujets du groupe 1 présentent un rappel hiérarchisé du haut vers le bas. Lorsque le sous-ordonné est rappelé, son surordonné immédiat est alors aussi rappelé dans 90 % des cas. On peut donc penser que le surordonné a servi d'indice de rappel au sous-ordonné. Si un surordonné est oublié, il est très probable que tous les items qui se situent en dessous sont oubliés.

Les performances du groupe 1 sont meilleures que celles du groupe 2 : ces derniers ont besoin de davantage de temps pour procéder à une réorganisation de la hiérarchie, afin de pouvoir mémoriser.

L'expérience de Bransford et Johnson (1973)

Bransford et Johnson proposent la lecture d'un texte et de son titre à des sujets qui devront rappeler ultérieurement des éléments du texte. Les résultats montrent que l'organisation du texte se met en place à partir d'une certaine structure à laquelle participe le titre du texte, car 15 % des sujets seulement vont rappeler une phrase qui s'intègre mal par rapport au titre. Cette expérience met en évidence l'existence d'une organisation textuelle qui mettrait en jeu deux mémoires différentes :
- la mémoire sémantique, qui contiendrait l'information relative au langage et à la connaissance du monde ;
- la mémoire épisodique, qui contiendrait l'information associée à un élément temporel.

L'organisation du matériel et l'encodage

Le contexte de l'apprentissage

L'organisation des informations en MLT va permettre au sujet d'avoir des indices qui vont l'aider dans la restitution du matériel. Un des éléments qui va l'aider à constituer ces indices est le contexte dans lequel l'apprentissage va se faire.

On distingue deux types de contextes :
- le contexte linguistique, toujours constitué par un matériel verbal présenté au sujet soit avant, soit après le matériel à mémoriser ;
- le contexte de situation, constitué par le lien, le cadre général dans lequel se déroule l'expérience. Il constitue un indice spatiotemporel.

L'expérience de Smith (1970)

Smith veut montrer l'effet facilitateur du contexte d'acquisition sur le rappel. Il propose aux sujets une liste de 80 mots à apprendre dans une pièce décorée de tentures orange, de tableaux et de posters. Après la phase d'apprentissage, les sujets sont soumis à un test de reconnaissance dans la même pièce. L'épreuve de rappel se déroule le lendemain, selon cinq conditions expérimentales correspondant à des contextes différents :

- les sujets sont dans une pièce A de couleur orange, pièce d'apprentissage (1) ;
- les sujets sont dans une autre pièce B (2) ;
- les sujets sont dans la pièce B et on leur demande de se souvenir mentalement de la pièce A (3) ;
- les sujets sont dans la pièce B et on leur donne une photographie de la pièce A (4) ;
- les sujets sont dans la pièce B et on leur demande de penser à leur chambre à coucher (5).

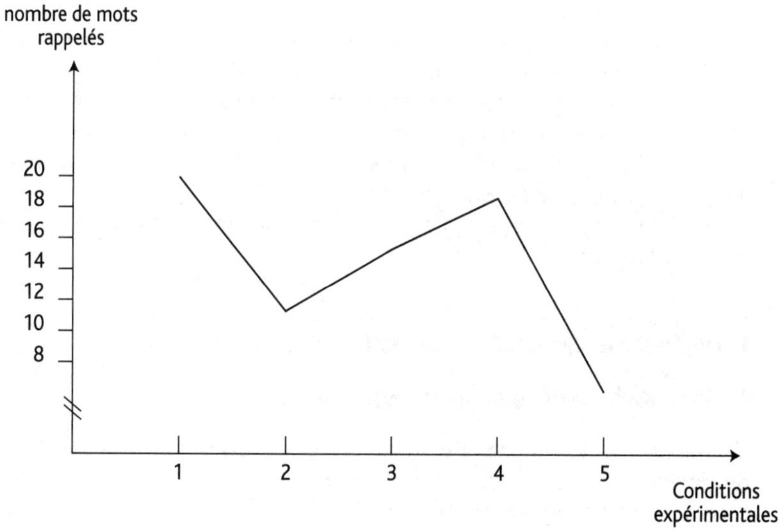

Les résultats indiquent en général que si le contexte de l'apprentissage et du rappel est identique, les performances sont alors meilleures. L'encodage du matériel se ferait ainsi en fonction d'indices spatiotemporels. Si ces indices restent associés aux items à apprendre, le sujet peut se rappeler l'information soit en y accédant directement par le matériel, soit grâce à l'indice contextuel associé au matériel.

PARTIE VI

LA PSYCHOLOGIE SOCIALE

La psychologie sociale est la science qui étudie l'interaction entre les variables psychiques et sociologiques. Elle s'intéresse autant à l'individu qu'au groupe. Elle étudie les interactions humaines et leurs fondements psychologiques. En premier cycle, il s'agit de connaître et de comprendre un certain nombre de concepts et de processus fondamentaux et de repérer les applications de la psychologie sociale dans les aspects de la vie courante.

En société, l'individu est en quasi constante interaction avec les autres individus ou avec un ou plusieurs groupes. Une interaction est une action réciproque entre les éléments d'un système. La psychologie sociale va surtout axer sa recherche sur le rapport de l'individu au groupe.

1. Les groupes et leurs phénomènes d'influence

Le groupe est un ensemble de personnes théoriquement réunissables pouvant entrer en interaction les unes avec les autres. Les groupes restreints sont des microsociétés et ils se différencient des agrégats humains de grande taille. C'est le but commun qui définit le groupe : il peut servir à réunir des forces pour protester ou pour se faire entendre et il peut être peu à peu institutionnalisé, avec la création de règlements.

On distingue le groupe du rassemblement : les participants d'un groupe prennent conscience de leur interdépendance et réalisent qu'il existe dans l'environnement des groupes antagonistes, car les groupes existent les uns par rapport aux autres.

La découverte de l'importance du groupe pour l'individu

L'influence du groupe selon Mayo

Vers 1926-1927, aux Etats-Unis, Elton Mayo découvre l'importance de l'influence du groupe à travers une étude sur la productivité dans une usine américaine. L'hypothèse de sa recherche est que l'amélioration des conditions de travail accroît la productivité et cette supposition se voit vérifiée. Mais lorsque l'usine repasse aux anciennes conditions, la productivité ne redescend pas. Mayo interroge alors les ouvrières pour comprendre ce résultat et s'aperçoit que les bons résultats qui perdurent sont dus à un effet de groupe. Les ouvrières testées ont pu assouvir leurs aspirations sociales (être reconnues, discuter les unes avec les autres et avec leurs supérieurs) et se sentent mieux dans leur travail. En résumé, elles ont désormais le sentiment d'appartenir à un groupe. C'est ainsi qu'a débuté la psychologie des groupes et cette grande découverte révolutionnera la psychologie sociale.

L'interdépendance entre les éléments du groupe selon Lewin

Kurt Lewin, de l'école de Berlin, continue sur la même lancée. S'inspirant de la « *Gestalt* théorie » qui émerge alors, il se rend compte de l'importance de l'interdépendance entre les éléments du groupe. Il réalise que le groupe est un tout dont les propriétés sont différentes de la somme des parties. Si l'on en change une partie, cela modifie toutes les autres.

Lewin considère également que le groupe et son environnement forment un tout : il l'appellera le champ groupal. En 1945, avec Lipitt et White, il met en place une expérience dont l'hypothèse est que la modification du type de commandement dans un groupe fait varier le climat social qui y règne et, en particulier, le taux d'agressivité. Il compose trois groupes d'enfants réunis autour d'une activité. Chaque groupe est animé par un animateur au style de commandement différent : démocrate, autoritaire ou laisser-faire.
Les résultats montrent les effets sur le groupe :
• dans le cas du style autoritaire, on constate de l'agressivité et de l'apathie ;
• dans le cas du style laisser-faire, on constate un maximum d'agressivité ;
• dans le cas du style démocratique, l'agressivité est déchargée, mais elle ne paralyse pas le groupe.
Le style de commandement démocratique semble donc le plus efficace.

Lewin s'intéresse aussi au changement social et entrevoit le groupe comme un agent de changement. Pour lui, le *statu quo* diffère de l'immobilisme, car dans le *statu quo* il y a autant de forces contre que pour le changement. Pour y arriver, il faudrait donc changer l'équilibre des forces (théorie du champ social). Lewis observe qu'une des résistances au changement est le conformisme (à savoir, le désir et le besoin d'être semblable aux autres). Pour favoriser le changement, il faut donc permettre de changer, tout en restant conforme aux normes du groupe.

En 1944, Lewin prouve cette hypothèse grâce à sa fameuse expérience sur les habitudes alimentaires. Il s'agit de convaincre les ménagères d'acheter des abats. Pour cela, Lewis compare deux techniques visant le changement des habitudes :
• l'une est une conférence sur les bienfaits diététiques des abats ;
• l'autre consiste en la formation de groupes de discussion entre ménagères avec un animateur.
Lewin observe que le pourcentage de femmes à consommer des abats après l'expérience est bien plus élevé chez les femmes ayant participé aux groupes de discussion que chez les autres. En effet, en groupe, il y a une décristallisation progressive de la norme ancienne. Les résistances au changement baissent grâce à l'impression de ne pas être seul à avoir une opinion différente. La prise de décision commune permet ensuite une recristallisation sur une nouvelle norme.

Le groupe permet...

... l'intégration

La socialisation

L'individu doit s'adapter à la société, mais il la fait aussi évoluer pour qu'elle s'adapte à lui. La socialisation est le processus par lequel l'individu est amené à participer aux normes, aux valeurs et aux conduites de sa culture d'appartenance. Dès sa naissance, l'enfant a besoin de son milieu pour survivre et il doit s'y adapter. La famille est le premier groupe auquel il appartient : elle va lui transmettre un certain nombre de normes, de valeurs, d'attentes, de rôles et de statuts, que l'individu devra intérioriser.

Les normes

Les normes sont des conventions qui règlent la vie en société. Elles datent parfois de plusieurs siècles et ne sont pas clairement officielles. Elles ont pour la plupart des évidences : ce qui se fait et ce qui ne se fait pas. L'enfant les apprend dès sa naissance. Puis le jeune adulte va les remettre en question ou continuer à les suivre. Mais celui qui ne suit pas les normes de la société est qualifié de déviant, de marginal ou, à un moindre degré, d'original. Cependant, les normes sont pour la plupart évolutives et certaines disparaissent, considérées comme obsolètes. De nouvelles normes apparaissent alors, créées soit naturellement, soit par des minorités ou des progressistes qui prônent le changement.

Les rôles

Les rôles servent à délimiter l'espace psychosocial. Ils ont une fonction sociale. C'est ainsi que la société organise les attentes et les conduites des individus. La notion de rôle est associée à celle de statut, qui est la position sociale occupée par un individu dans un système social. A chaque statut correspond un ensemble de modèles de conduites choisi par consensus du groupe prescrivant aux individus comment ils doivent se comporter en fonction de leur statut. Cet ensemble de conduites constitue le rôle, c'est-à-dire l'aspect dynamique du statut.

D'une part, nous devons répondre aux attentes externes à l'égard des rôles que nous adoptons dans un groupe. Pour bien jouer notre rôle social, nous devons savoir quel est le rôle réciproque de l'individu avec lequel nous entrons en interaction. Nous ajustons notre comportement en fonction de l'autre et nous devons donc pouvoir nous mettre à sa place.

D'autre part, nous découvrons aussi en nous-mêmes des possibilités de nouveaux rôles à adopter. En général, nous avons une multitude de rôles (une femme peut être mère, épouse, avocate) qui peuvent entrer en conflit. Toutefois, à un moment donné, le rôle à activer est celui commandé par le contexte situationnel.

Les rôles facilitent la communication, puisqu'ils permettent de prévoir et de comprendre les conduites de l'autre. Cependant, dans la mesure où nous en avons chacun plusieurs et que nous sommes nombreux à les partager, il peut se produire des conflits de rôles intra et interpersonnels.

Le groupe d'appartenance et le groupe de référence

Dès son plus jeune âge, l'individu appartient à un groupe : on distingue le groupe d'appartenance du groupe de référence. Le premier est celui que l'on ne choisit pas, qui nous est assigné dès la naissance. Nous apprenons les valeurs de ce groupe, en général la famille, sans vraiment choisir. Mais plus tard, l'individu choisit à qui il veut s'identifier. Il peut garder les mêmes valeurs ou en changer. Le groupe choisi sera alors appelé groupe de référence. Le sujet s'identifie ou désire s'identifier à ces valeurs. Le groupe de référence sert de base de comparaison pour se donner une évaluation personnelle. Quand le sujet s'interroge sur sa valeur personnelle, il se compare aux personnes de son groupe de référence. S'il a la même opinion, cela le confortera dans cette voix et aura valeur de vérité. Le groupe de référence a donc une fonction comparative et normative.

Souvent, les individus ne trouvant pas la reconnaissance dans leur groupe d'appartenance changent pour un groupe de référence. Ils veulent s'intégrer dans ce nouveau groupe et doivent apprendre d'autres valeurs : cela concourt à la mobilité sociale.

... la différentiation par la catégorisation sociale

Pour nous repérer les uns par rapport aux autres dans la société, nous faisons appel au processus de catégorisation sociale. Cela nous permet de nous identifier en nous comparant aux autres et d'identifier les autres pour savoir si nous appartenons au même groupe ou pas. Lorsqu'on rencontre une nouvelle personne, on a tendance à lui poser des questions sur son groupe d'appartenance (sa profession, son lieu d'habitation, etc.), pour mieux la situer. On estime alors rapidement notre degré de ressemblance et de différence avec tel ou tel individu. Au sein d'une même catégorie sociale (femmes *versus* hommes, par exemple), on constate une accentuation des ressemblances, voire une homogénéisation et un favoritisme intragroupe. En résumé, la catégorisation a une fonction identitaire.

Mais le corollaire négatif de ce phénomène est qu'il peut mener à la discrimination et aux préjugés. Un préjugé est un jugement *a priori* sans preuve ni connaissance de l'autre. La discrimination est plus institutionnalisée et consiste en la mise à distance, par des actes, d'un groupe ne faisant pas partie du groupe d'appartenance. Le favoritisme intragroupe s'atténue quand l'individu se définit comme ayant plusieurs appartenances. Il partage alors des valeurs avec différents groupes : la catégorisation n'empêche donc pas le partage.

De plus, quand son propre groupe d'appartenance est dévalorisé par les autres, on a tendance à moins le favoriser. Cela peut aussi conduire à vouloir changer de groupe d'appartenance et à avoir un autre groupe de référence (socialisation anticipée), comme décrit plus haut : c'est le phénomène de mobilité sociale. On peut aussi décider de changer l'image et le stéréotype de son groupe d'appartenance, en modifiant les valeurs ou en les rendant uniques, donc incomparables. Le stéréotype est une caractérisation de tous les individus d'une même catégorie par un certain nombre de marques repérées pour les représenter.

Les phénomènes d'influence dans les groupes

L'influence est l'ensemble des actions de la vie sociale et des relations entre individus qui produisent quelque effet de changement, que ce soit sur nous-mêmes ou sur les groupes. Elle est difficile à repérer. Au niveau de l'individu, elle se repère à son changement d'attitude, suite à la rencontre ou au changement d'attitude d'autrui. Au niveau collectif, elle aboutit au changement des normes par adoption de celles d'autres groupes. On compte trois modalités de l'influence : la normalisation, le conformisme et l'innovation.

La normalisation

Lorsqu'il n'y a pas encore de normes établies, les individus s'influencent les uns les autres et créent une norme commune, basée sur les valeurs partagées. La norme est produite par un groupe pour un groupe. Elle est fondamentalement collective et a une utilité sociale. Elle n'est pas neutre et reflète des attributions de valeurs en fonction de l'idéologie du groupe. Elle permet de repérer ce qui est désirable pour intégrer un groupe.

En 1939, l'expérience de Shérif vise à montrer comment, dans une situation incertaine, se crée une norme collective et si celle-ci domine la référence individuelle. Il s'agit de l'expérience d'autocinétique. Il y a un point lumineux fixe sur un fond sombre : par l'effet d'autocinétique, les sujets ont l'impression qu'il se déplace et on leur demande individuellement, puis en groupe, d'évaluer la longueur de déplacement du point (qui en réalité ne bouge pas).

Les résultats montrent que seuls, les individus se créent des points de référence. Mais en groupe, les réponses tendent à converger (influence réciproque) et aboutissent à la création d'une norme perceptive : en entendant les réponses des autres, on réajuste les siennes. Remis en groupe, les individus gardent la norme collective comme réponse : la norme du groupe est donc plus prégnante que la référence individuelle.

Pour Sherif, ce résultat est causé par la nécessité pour un individu de réduire son degré d'incertitude. Pour Moscovici et Allport, la convergence est due à une recherche de consensus pour éviter le conflit. Doise ajoute la valeur idéologique jouant dans la convergence vers une norme commune : la divergence d'opinion empêcherait la convergence sur d'autres sujets, les sujets voulant rester cohérents avec eux-mêmes.

La polarisation est la convergence vers une valeur extrême. Une expérience a montré que le groupe favorise la prise de position extrême car le groupe dilue les responsabilités de la prise de décision.

Le conformisme

Dans une situation dans laquelle les normes ont été établies, l'individu modifie ses valeurs, opinions et attitudes pour adopter les normes du groupe auquel il appartient ou aimerait appartenir. C'est en s'y conformant qu'il va pouvoir intégrer le groupe. On distingue le conformisme sans pression du conformisme avec pression.

Le conformisme sans pression

En 1956, Asch réalise une expérience pour prouver l'influence de la majorité sur l'individu. Il montre trois lignes de tailles différentes aux sujets et demande laquelle est de même longueur que la ligne étalon : la réponse est évidente. Lorsque les sujets se trouvent dans un groupe de compères donnant volontairement de fausses réponses, ils commettent plus d'erreurs, influencés par les réponses de la majorité du groupe.

Kelman distingue trois raisons de se conformer :
• le conformisme de complaisance. L'individu se conforme de façon superficielle, sans que ses convictions profondes soient touchées ;
• le conformisme par identification. L'individu se conforme aux normes d'un groupe de référence auquel il aimerait appartenir ;
• le conformisme par intériorisation. L'adhésion du sujet à une nouvelle norme est une conversion spontanée.

Le conformisme avec pression

Ce type de conformisme a notamment été mis en évidence lors du procès de Nuremberg, au cours duquel les nazis ont répondu qu'ils obéissaient aux ordres. En 1974, Stanley Milgram l'a étudié lors d'une fameuse expérience (représentée dans le film *I comme Icard* d'Henri Verneuil, avec Yves Montand). Il se questionne sur la soumission à l'autorité et à quelles conditions on peut obtenir la désobéissance. Les enjeux de l'expérience sont de montrer ce qu'on est capable de faire en se soumettant à l'autorité, c'est-à-dire en perdant sa propre responsabilité.

Voici les termes de l'expérience : un sujet non initié (toute catégorie sociale confondue) doit punir à l'aide de fausses décharges électriques un élève lorsque celui-ci commet des fautes d'apprentissage, et ce sous l'ordre d'un compère expérimentateur. Les résultats montrent que les deux tiers des sujets naïfs vont jusqu'à infliger à la victime l'intensité maximale de 450 volts. Mais lorsque le sujet testé voit la victime, le taux de désobéissance augmente, ainsi que lorsqu'il a un contact physique avec elle. Par rapport à l'autorité, lorsque l'expérimentateur s'absente, la désobéissance augmente.

Les résultats alarmants montrent que dans une structure hiérarchique, nous développons un état de simple agent d'exécution. Milgram explique le phénomène par le fait que l'obéissance est très valorisée dans notre société, inculquée depuis l'enfance, avec un système de châtiments et de récompenses existant à tous les âges de la vie : la conséquence est que l'homme peut être facilement mené au crime.

L'innovation

C'est le processus d'influence sociale qui provoque le changement des idées, des modes de pensées ou des comportements en en insufflant de nouveaux. Cela aboutit au changement social. Souvent, l'innovation est initiée par des minorités actives.

Serge Moscovici a remis en question la notion d'influence sociale classique en ajoutant qu'il s'agit d'un processus bilatéral. En effet, il n'y a pas seulement un mouvement de la majorité agissant sur la minorité, mais il existe aussi le contraire, comme nous le montre l'histoire (les mouvements féministes, étudiants, ethniques, etc.). Il s'agit de soussystèmes refusant la norme dominante et proposant d'intégrer de nouvelles idées qui sont donc non conformistes. Pour arriver au changement de norme, la minorité peut entrer en conflit avec la majorité. Le conformisme est une forme de résolution de conflit, mais l'innovation est une création de conflit.

La possibilité d'innovation dépend aussi du contexte normatif : la norme d'objectivité valorise le consensus, la norme de préférence accepte la diversité et la norme d'originalité valorise la nouveauté, l'inhabituel. L'individu est donc un agent de changement de la société : il ne s'adapte pas seulement à elle, mais il la fait aussi évoluer.

2. La communication

L'individu est un être social. Le social touche aux relations que les individus entretiennent entre eux. La vie sociale se caractérise par des réseaux de relations interpersonnelles permanentes ou sporadiques, formelles ou informelles.

La communication comme processus social

Pour Goffman, la vie est un immense théâtre dans lequel les individus sont des acteurs. Pour lui, toute interaction est un jeu de dissimulation et de fouille de l'autre. Le regard de l'autre fonctionne comme un surmoi qui nous sert à nous contrôler. Nous ne présentons à l'autre que des stigmates ou des façades, qui conditionnent notre relation à l'autre. Comme Bateson et Allport, Goffman envisage la communication comme un processus social. Nous communiquons en fonction de règles et de rituels appris dans notre société. De plus, les individus n'ont pas forcément le même cadre de référence, ce qui complexifie la communication. Nous ne parlons pas tous le même langage, selon notre milieu social, notre âge, notre génération et notre profession. Même d'une famille à l'autre, on peut trouver des rituels différents. C'est pourquoi la communication est un processus difficile d'adaptation à l'autre et la compréhension ne va pas forcément de soi.

L'approche systémique

Alors que Shannon pensait en 1940 que la communication était un acte verbal simple, atteignant l'effet voulu sans problème, Wiener et Watzlavick soulignent la présence d'effets non calculés de parasites et de rétroaction (*feedback*) dans toute communication : tout effet rétroagit sur sa cause. C'est pourquoi le champ d'observation doit être assez large et prendre en considération le contexte et le cadre de la relation. Cette notion a contribué à l'étude des systèmes d'interactions pathologiques, comme chez les schizophrènes (école de Palo Alto, notion de « *double lien* » dans la communication entre parents et enfants). C'est l'approche dite « systémique » qui étudie les relations entre individus comme un système et a créé un type de thérapie de groupe fondé sur cette théorie du système.

Watzlavick définit plusieurs axiomes à propos de la communication. Par exemple, on ne peut pas ne pas communiquer. Il pointe aussi l'importance de la ponctuation dans la communication. Dans chaque système de relation, il y a une tonalité que les individus reconnaissent inconsciemment ou consciemment et qu'ils entretiennent. On ne sait pas forcément quel est le début, mais on s'interroge sur la finalité. Car la communication a le pouvoir de confirmer un être dans son identité. Cette importance est capitale et peut s'avérer positive ou négative pour le sujet, lorsque par exemple le système de communication le tient dans un état pathologique.

L'analyse transactionnelle

Eric Berne est le fondateur de cette théorie comportementaliste qui a pour but de développer l'autonomie du sujet grâce à l'analyse de son mode de communication avec son environnement. Il cible trois états du moi avec lesquels nous communiquons : le moi enfant, le moi adulte et le moi parent. La question est : quel état de mon moi parle à ce moment précis et à quel état de mon moi répond l'autre ? Le plus simple est lorsque ce sont deux moi adultes qui se répondent. Ainsi, la communication peut être :

• complémentaire ;
• croisée. Elle bloque la communication, souvent moi enfant/moi parent ;
• camouflée. Elle s'adresse soi-disant à un état du moi, mais elle vise en fait un autre état.

Berne prend aussi en compte les stratagèmes utilisés dans la relation à l'autre : fuite, évitement et rituels.

Berne pense également que la communication est un système qui aboutit à la répétition. Dans ce système, il voit trois composantes :

• les injonctions (« *ne sois pas ceci* ») ;
• les contre-injonctions (« *sois cela* ») ;
• les programmes (« *pour être un homme, il faut...* »).

L'individu a intériorisé ces composantes et la thérapie vise à se défaire des éléments négatifs qui bloquent le sujet dans son développement.

A noter : cette présentation des notions psychosociales n'est pas exhaustive et reprend les concepts principalement exposés en premier cycle. Cependant, selon votre université, vous en étudierez d'autres, comme les processus de la décision ou de la négociation.

3. Méthodologie

La psychologie sociale est une discipline très intéressante qu'il faut savoir rendre vivante : il est nécessaire de mesurer les applications qu'elle peut avoir dans notre vie sociale. De plus, elle étudie le comportement des individus les uns par rapport aux autres, ce qui va éclairer notre regard sur les interactions et les groupes dont nous faisons partie.

Conseils d'ordre général

Prenez connaissance de toutes les expériences décrites dans le cours et lisez leur description dans le texte original. En général, celle-ci est plus claire et plus détaillée que les notes prises en cours.

Visionnez des supports visuels, quand c'est possible. Le film *I comme Icard* d'Henri Verneuil décrit très bien l'expérience de Milgram et vous aidera à mémoriser l'expérience.

Lors de la rédaction de votre devoir, donnez des exemples de la vie sociale actuelle. Cela montre que vous avez réfléchi aux applications des notions psychosociales et que vous êtes capable de vous servir de ces concepts pour décoder les comportements actuels de notre vie sociale. Le quotidien regorge d'exemples pour chaque notion : prenez le temps de trouver un ou deux bons exemples.

Lorsqu'il s'agit d'une argumentation, avec une partie dite « avantages » et une partie dite « limites », appuyez-vous aussi sur des exemples concrets pour illustrer chacune de vos parties.

Lorsqu'il s'agit de définir un concept, récitez votre définition, mais si c'est une citation d'un auteur, n'oubliez aucun mot ni les guillemets. De plus, vous devez citer la source (l'ouvrage) dont elle provient. Il semble d'ailleurs plus judicieux de reformuler les choses dans vos propres mots, même si cela paraît moins artistique que les termes employés par l'auteur ! Le but est de savoir si vous avez saisi le sens du mot.

Essayez de savoir qui sont les auteurs des expériences : d'une façon globale, sachez d'où ils viennent et dans quelle période historique ils ont fait leurs expériences. Connaître le contexte vous aidera à comprendre pourquoi ils ont entrepris cette expérience et ce qu'on en attendait à l'époque.

Discussion ou QCM

Le sujet d'examen peut être une discussion ou un QCM. N'hésitez pas à demander à votre professeur quel sera le type d'examen que vous aurez à traiter. S'il veut bien répondre, cela vous donnera une petite idée de la façon dont vous devez réviser.

La discussion

Voici quelques exemples de sujets d'examen possibles. Vous pouvez vous exercer à y répondre afin de vérifier si vous connaissez le cours et êtes capable de trouver des exemples actuels.

• « *Définir le concept de "norme" et décrire une expérience montrant comment elles se forment.* »
• « *Définir le rôle et le statut et montrer l'avantage et les limites de ces notions pour l'épanouissement de l'individu en société.* »
• « *Définir trois systèmes d'influence.* »
• « *Quelles avancées en psychologie sociale Kurt Lewin a-t-il permis ?* »
• « *Dites en quoi le groupe est à la fois un lieu d'intégration et de différenciation pour l'individu. Appuyez-vous sur des exemples de la vie sociale actuelle.* »
• « *Comment la psychologie sociale explique-t-elle la discrimination et les préjugés ?* »
• « *Après avoir décrit l'expérience de S. Milgram, vous présenterez les résultats les plus notoires et leurs applications sociales.* »
• « *Définissez le concept de minorités actives et donnez-en des exemples dans le passé et dans la période actuelle.* »
• « *Pourquoi passe-t-on parfois de son groupe d'appartenance à autre groupe dit "de référence" ? Après avoir défini les deux concepts, vous baserez votre argumentation sur un exemple concret.* »

Le QCM

Pour répondre à un QCM, il n'y a qu'une chose à faire : connaître son cours avec précision. Il faut aussi prendre soin de répondre à toutes les questions, même quand vous ne savez pas. On ne sait jamais : la chance peut jouer en votre faveur !

Les notions clés à connaître

Le tableau qui suit résume quelques mots-clés, auteurs et expériences, et permet d'avoir en mémoire l'association entre les différents concepts. Lorsqu'un sujet d'examen vous est donné, soulignez les concepts clés et rappelez-vous de ce tableau pour trouver les auteurs et expériences qui s'y rattachent, ainsi que les autres concepts qui vous permettront d'élargir vos propos et de dépasser la simple définition.

A noter : n'hésitez pas à compléter ce tableau avec toutes les notions clés du cours.

Concept psychosocial	Auteurs	Expériences	Concepts associés
Normalisation	M. Sherif	Un point lumineux ne se déplace pas mais en donne l'impression. Le sujet doit juger de la longueur de déplacement du point, seul puis en groupe	• Fabrication d'une norme collective
Conformisme	S.E. Asch	La longueur d'une ligne à comparer avec trois autres. Présence d'un groupe de compères qui influence le sujet	• Influence de la majorité sur l'individu. • Conformisme de complaisance • Conformisme par identification • Conformisme par intériorisation
Innovation	S. Moscovici	Critique les types d'influence classiques unilatéraux	• Minorités actives • Individu comme agent de changement
Autorité	S. Milgram	Faux chocs électriques administrés par un sujet à un compère sous l'ordre d'un autre compère représentant une autorité	• Soumission à l'autorité • Structure hiérarchique • L'individu comme simple agent d'exécution
Influence du groupe	E. Mayo	Dans une usine américaine, amélioration des conditions de travail grâce à l'effet de groupe	• Sentiment d'appartenance au groupe • Effet de groupe • Type d'influence (conformisme, normalisation, innovation)
	K. Lewin & Lipitt & White	Différents types de commandement dans un groupe d'enfants font varier le climat social et l'agressivité	• Champ groupal • Style autoritaire Style laisser-faire Style démocratique
Changement social	K. Lewin	Changement des habitudes alimentaires chez les ménagères américaines	• Champ groupal • Equilibre des forces • Conformisme

PARTIE VII

LA PSYCHOLOGIE CLINIQUE ET LA PSYCHOPATHOLOGIE ADULTE

1. Généralités

Qu'est-ce que la psychologie clinique ?

La psychologie clinique est l'étude des conduites humaines dans leur dimension unique et singulière. Les premiers à utiliser le terme sont Witmer, Janet et Freud. Mais c'est surtout après la Seconde Guerre mondiale que Daniel Lagache (1903-1972) tente de dégager la spécificité de cette discipline par rapport à d'autres comme la philosophie, la psychologie expérimentale et la psychanalyse. Il donne cette définition de la psychologie clinique : « *l'étude de la conduite humaine et de ses conditions (hérédité, maturation, conditions physiologiques et pathologiques, histoire de la vie), en un mot, l'étude de la personne totale "en situation"*[1] ».

Le champ d'étude de la psychologie clinique recouvre le fonctionnement normal et le fonctionnement pathologique des individus dans leur globalité. La psychiatrie, elle, s'intéresse aux maladies mentales et la psychopathologie est la réflexion et la recherche sur la maladie mentale. Le champ de la psychologie clinique est donc très large et l'on peut trouver des psychologues cliniciens dans de multiples domaines, comme dans les hôpitaux généraux où ils s'occupent en principe des répercussions de la douleur physique sur le psychisme.

D'une façon générale, retenons le point de vue du psychologue clinicien : il envisage la personne dans son individualité, dans ce qu'elle a de typique et de spécifique. Il s'intéresse à l'histoire individuelle du sujet et se base sur la façon toute particulière dont il va vivre un événement, ne cherchant pas la vérité mais plutôt la vérité du sujet, celle qu'il ressent comme telle. Contrairement à la psychologie expérimentale, la psychologie clinique vise la compréhension et non l'explication. De même, n'ayant pas pour but l'objectivité, elle prend en compte la dimension subjective (Favez Boutonnier) de la relation avec le sujet et s'en sert pour mieux comprendre la personne venue quérir son aide.

La fonction du psychologue clinicien consiste à repérer et à analyser à travers les propos et le comportement de la personne ce qui lui semble normal et/ou pathologique : il écoute le récit de l'histoire du sujet et se sert des éléments, donnés à la fois par la forme et par le fond du récit, pour mieux comprendre son état actuel. Il tentera ensuite de transmettre cette compréhension à la personne.

---

1. Lagache, D. (1949), *Psychanalyse et Psychologie*, p.160.

Le normal et le pathologique

La difficulté est de trouver la limite entre le normal et le pathologique. Quels sont les critères, quelle est la norme et qui pose les normes ? Nous allons comprendre le caractère tout à fait relatif de la notion de normalité.

Si l'on considère que la norme est sociale, fixée par la société, le malade mental est donc un déviant. De ce point de vue, être normal serait alors être adapté à un certain nombre de règles sociétales. Mais l'on sait aujourd'hui que ce critère d'adaptation est insuffisant. En effet, il existe des personnes apparemment très adaptées qui souffrent et qui sont très malades : ce sont les pseudo-normalités qui cachent de grandes souffrances derrière leur pseudo-adaptation.

Le normal peut donc être pathologique et le pathologique peut être normal. Une période de dépression réactionnelle à un deuil est normale, mais le clinicien peut trouver qu'elle devient pathologique quand le travail de deuil est impossible et que la personne continue à souffrir durablement (deuil pathologique). De même, ce qui n'est pas dans les normes n'est pas forcément pathologique : un QI très élevé est anormal, mais non pathologique.

Toutefois, la position de la psychiatrie classique (Ey) a longtemps été de considérer le normal et le pathologique comme bien distincts. Pour elle, il existe des classifications des maladies mentales et l'on ne passe pas de l'une à l'autre. Les débuts de la psychanalyse remettent en question cette théorie. Il n'y aurait pas de différence qualitative. Freud parle de différence de degrés entre le sujet malade et le sujet sain.

Depuis, on admet largement une forme de continuité entre le normal et le pathologique. La pathologie n'est qu'une exagération de processus normaux : en effet, on retrouve les mêmes fonctionnements de base chez les personnes saines et malades. On peut donc parler d'un degré de pathologie à un moment précis, dans une situation particulière. Chez l'enfant, la limite est encore plus difficile à trouver, car le sujet passe par de nombreuses phases normales de changement.

Il y a des moments pathologiques dans toute vie, car l'être que nous sommes traverse des périodes de changement, de transition, de maturation et de régression, et à chaque fois, il doit faire face à ces situations nouvelles. La souffrance alors ressentie est normale, jusqu'à ce qu'elle dépasse nos capacités très personnelles de la supporter. Ainsi, le critère à retenir est celui de la souffrance psychique. Les symptômes apparaissent et envahissent notre sphère psychique quand nous ne pouvons

plus digérer, quand nos mécanismes psychiques ne sont plus assez souples pour intégrer les nouvelles données.
De quoi dépend alors la souplesse ou la rigidité de nos mécanismes internes ?

2. Notions psychopathologiques et psychanalytiques

Notions psychopathologiques

La structure

Définition

Après Freud, Bergeret a développé la notion de structure, qui nous aide à comprendre pourquoi un sujet décompense. Selon Freud, la structure est le « *mode d'organisation, le mode de fonctionnement stable et constant d'un psychisme et d'une personnalité* ». Freud utilise une métaphore qui peut aider à se représenter le psychisme : il compare la personnalité à un bloc minéral. Chaque bloc a une forme particulière de cristallisation, de telle sorte que lorsqu'il se brise, les cassures s'opèrent selon des lignes de clivages précises. La structure serait les lignes de cristallisation que l'on peut voir lorsque le bloc se casse. La structure en elle-même n'est ni normale ni pathologique. Elle se caractérise par les moyens de défense dont elle est dotée.

Il existe deux structures principales :
- la structure névrotique. Quand elle décompense, on parle alors de névrose ;
- la structure psychotique. Quand elle décompense, on parle alors de psychose.

Genèse de la structure

Dès la naissance, le psychisme d'un individu s'organise d'une certaine façon. Cette cristallisation se fait en fonction de plusieurs éléments comme la relation aux parents, les conflits, les frustrations, les mécanismes de défense organisés par le moi, les identifications ou les choix d'objet. Une structure se cristallise de façon stable et tant qu'il n'y a pas de choc trop violent, la structure tient.

Les étapes de la formation de la structure

- *La reconnaissance de soi et de l'intégrité corporelle* : à la naissance, le soi du petit enfant est dans un état d'indifférenciation somato-psychique, c'est-à-dire que l'enfant ne perçoit pas de séparation entre son corps et celui des autres. Le sein que sa mère lui donne fait partie de lui-même et son regard plonge dans celui de l'adulte comme s'il n'y avait pas de limite.

Peu à peu, une différenciation s'effectue et le soi se distingue du non-soi. L'enfant sait que le sein ne lui appartient pas et que sa mère est une autre personne que lui. Pendant cette période de différenciation, le soi garderait une plasticité aux influences extérieures, qu'elles soient bonnes ou toxiques. L'importance de cette étape est l'émergence d'une construction d'un soi propre, de même qu'un corps entier et bien distinct de celui de l'autre (problématique dans les psychoses).

• *L'individuation* : une préorganisation s'effectue en fonction de lignes de force données d'une part par l'hérédité et d'autre part par les relations objectales vécues. Les expériences objectales touchent des zones érogènes plus ou moins étendues et plus ou moins partielles. Parallèlement, à travers les relations aux parents et aux pairs dans différents contextes socio-éducatifs, l'enfant vit des frustrations, des conflits et des assurances narcissiques qui s'organisent dans le psychisme. Face à toutes ces expériences, des mécanismes de défense se mettent en place. Progressivement, le psychisme se cristallise selon un mode d'assemblage avec des lignes de clivage et de cohésion qui ne pourront plus varier.

• *La reconnaissance de soi par rapport à un autre* : une véritable structure est organisée avec un moi authentique qui ne pourra plus changer de lignée fondamentale, mais juste s'adapter et se désadapter selon une organisation structurelle inchangeable.

De ces étapes dépendront la structure névrotique, psychotique et l'astructuration. Bergeret ajoute cette notion d'astructuration à la conception traditionnelle des structures (névrotique *versus* psychotique). Il les appelle aussi les organisations limites ou *border line* chez les Anglo-Saxons. Ce sont des sujets dont la structure ne s'est pas organisée selon un mode névrotique ou psychotique (voir les fonctionnements limites, dans le chapitre 3).

Les critères qui définissent la structure

La structure se définit selon cinq critères :
• le type d'angoisse (morcellement, castration, perte d'objet) ;
• l'instance dominante (moi, ça, surmoi) ;
• le lieu du conflit avec la réalité ou entre instances ;
• la relation à l'objet (fusionnelle, génitale ou anaclitique) ;
• les mécanismes de défense (déni, projection, clivage de l'objet, idéalisation).

A noter : consultez le livre *La Personnalité normale et pathologique* de Jean Bergeret, qui présente des tableaux très explicites.

Le caractère

Le caractère est le fonctionnement manifeste d'une structure, ce qui se donne à voir lorsqu'on rencontre quelqu'un. Autrement dit, c'est la manière d'être. Chaque structure a un caractère qui lui est propre et qui se définit par des traits de caractère.

Le symptôme

Le symptôme a été construit pour un usage limité mais utile : il est la manifestation de surface destinée à exprimer la présence d'un conflit. C'est à travers lui qu'on voit le fonctionnement morbide de la structure lorsqu'elle se décompose.

Les différents types de symptômes

On distingue différents types de symptômes, selon la structure dans laquelle ils apparaissent habituellement :
- les symptômes de mode névrotique, comme la conversion hystérique, le rituel obsessionnel et le comportement phobique ;
- les symptômes de mode psychotique, comme les manifestations délirantes, la dissociation, les bizarreries du comportement, le sentiment de dépersonnalisation et le comportement autistique ;
- les organisations limites, qui ont en général un panel de symptômes parfois pseudo-névrotiques ou pseudo-psychotiques (qui n'empêchent pas la survenue de l'angoisse). La dépression est très présente, ainsi que le passage à l'acte, l'angoisse, l'ennui et le sentiment de vide intérieur.

Les mécanismes de défense

Les mécanismes de défense sont les moyens dont la structure est dotée pour gérer les conflits entre instances ou avec la réalité. Toujours inconscients, ils diffèrent selon la structure et sont plus ou moins efficaces et coûteux pour le sujet :
- les défenses de mode névrotique, comme le refoulement, le déplacement et la condensation ;
- les défenses de mode psychotique, comme la projection, le déni de la réalité, le dédoublement du moi, l'identification projective et la forclusion ;
- les organisations limites, piochant dans les deux modes de défense car elles balancent entre les deux versants.

Notions psychanalytiques

La psychanalyse a beaucoup éclairé la psychopathologie. Ainsi, avant de poursuivre par l'étude des différentes pathologies, étudions sommairement quelques notions psychanalytiques de base.

Première topique freudienne : inconscient, préconscient et conscient

Freud élabore la première topique en 1900. « Topique » vient du grec « *topos* », qui signifie « le lieu ». Freud a tenté d'imaginer les lieux qu'occupent les instances les unes par rapport aux autres. De même, il parle d'appareil psychique, qui regroupe ces instances et qui évoque la notion d'un travail s'exerçant entre les forces qui se trouvent à l'intérieur.

L'inconscient

Selon Freud, c'est la partie la plus archaïque de l'appareil psychique, la plus proche des sources pulsionnelles. Elle est structurée durant l'enfance. Le contenu de l'inconscient est composé de représentations des pulsions, plus précisément de représentations des pulsions accompagnées d'un affect (positif ou négatif) qui vient s'y ajouter. La pulsion en elle-même est biologique, donc inimaginable. Le noyau de l'inconscient est ainsi composé de représentants des pulsions qui cherchent à se décharger. L'inconscient est régi par le principe de plaisir qui tend vers la satisfaction immédiate des pulsions (de vie et de mort). Ce principe est facilité par le processus primaire de l'inconscient, c'est-à-dire l'état de l'énergie libre se trouvant dans l'inconscient qui tend à chercher la répétition d'une expérience de satisfaction.

Le préconscient

C'est le lieu intermédiaire entre l'inconscient et le conscient. Il maintient le refoulé par une censure active : c'est ce qu'on appelle les résistances. Il laisse passer certaines motions de l'inconscient, comme dans les lapsus ou dans les rêves, et en censure une autre partie qui ne viendra jamais à la conscience. Il est composé de représentants verbaux, c'est-à-dire de mots et de phrases.

Le conscient

C'est l'organe des sensations et de l'attention. Il fonctionne comme un filtre en réglant le débit des investissements entre les forces. Contrairement à ce qui se passe dans l'inconscient, ici, c'est le principe de réalité qui confronte le désir aux contraintes de la réalité. De même, c'est le processus secondaire qui est actif. Il permet à l'énergie d'être liée par des représentations, selon la loi de la symbolisation et de la causalité.

Deuxième topique freudienne : moi, ça et surmoi

Freud s'aperçoit que ce qui est inconscient ne passe pas facilement à la conscience. Il observe qu'il faut prendre en compte l'importance des résistances, notamment celles qui sont liées à la pulsion de mort. Il remarque la compulsion de répétition. Dans son livre *Au-delà du principe de plaisir*, il remanie sa théorie et élabore la deuxième topique. Il axe son travail sur la notion de conflit, sur l'opposition entre les différentes instances. En 1923, dans le texte « Le ça et le moi » qui fait partie des *Essais de psychanalyse*, il réarticule les éléments et trouve un nouveau concept : le ça.

Selon Freud,
- le ça est le pôle pulsionnel ;
- le moi met en jeu les mécanismes de défenses ;
- le surmoi est constitué par l'intériorisation des exigences et interdits parentaux.

Le ça

Le ça est premier. Il est le réservoir de l'énergie psychique, l'arène où s'affrontent les pulsions de vie et les pulsions de mort. Il est inconnu, inconscient et inaccessible.

Le ça a deux origines :
- l'hérédité, les exigences somatiques et les déterminations innées ;
- ce qui est acquis par le refoulement, le refoulé.

Le ça est primitif et irrationnel : dans le ça, on peut aimer et haïr en même temps. Toutes les pulsions sont ensemble et ne répondent pas à la logique de cause à effet. Les pulsions de vie et de mort s'ancrent dans le ça. Le ça n'a qu'un but, la satisfaction immédiate de ses pulsions toujours en effervescence : c'est ce qu'on appelle le principe de plaisir.

Le moi

Le moi englobe le conscient et le préconscient, mais a aussi une partie inconsciente. Le moi prend racine dans le ça.

Le moi serait une partie du ça qui serait différenciée sous l'influence du monde extérieur. Le principe de réalité gère le moi. Ce dernier tente de brider les pulsions du ça, afin qu'elles soient acceptables pour la société. C'est pourquoi on peut comparer le moi à une sorte de tampon ou de filtre de l'appareil psychique. Il est l'interface entre les différentes motions reçues de l'intérieur par le ça et le surmoi et les agressions de l'extérieur. Freud a conçu un schéma où il tente de représenter la topologie du moi et du ça.

Le surmoi

Freud introduit le terme en 1923. Le surmoi est le domaine de la censure, des exigences et des interdits. Il fait partie du moi, mais il peut en être séparé. Dans des cas pathologiques, le moi peut se cliver et se prendre lui-même comme objet (délire de persécution, voix et paranoïa). C'est ce qu'on appelle communément la conscience morale, qui nous fait ressentir le repentir de nos actes.

La genèse du surmoi

Avant d'être intériorisé, le surmoi s'est d'abord construit à partir de l'extérieur. En effet, c'est l'autorité parentale, par son rôle interdicteur, qui en est à l'origine, notamment pendant la phase œdipienne où les interdits fondamentaux (interdit de l'inceste) sont mis en place. L'enfant renonce aux satisfactions, de peur de perdre l'amour de ses parents. Peu à peu, il s'identifie à ces représentants de l'autorité et intériorise les interdits. De même, le surmoi devient impersonnel, et l'angoisse devant le père ou la mère se transforme en angoisse devant le surmoi. Après l'œdipe, le surmoi s'enrichit d'autres influences éducatrices données par la société. Toutefois, le surmoi peut être très fort et faire souffrir le sujet, d'autant plus qu'il puise aussi dans l'agressivité interne du sujet. Il génère de la culpabilité et notamment chez les enfants, le poids du surmoi est très lourd. Mais l'angoisse morale est indispensable pour pouvoir vivre en société. De plus, le surmoi est le véhicule de la transmission des valeurs d'une génération à une autre.

Les fonctions du surmoi

On distingue plusieurs fonctions :
- l'auto-observation. On se regarde, c'est comme une autorégulation ;
- la censure, conscience morale qui engendre de la culpabilité ;
- l'idéal. L'idéal du moi est une partie du surmoi. Il est ce vers quoi le sujet aspire. Il est basé sur l'admiration et dans le meilleur des cas, il nous permet d'avancer.

La question du surmoi est intéressante dans les faits d'actualité. On peut chercher dans l'observation des phénomènes de violence aujourd'hui chez les préadolescents ce qui manque en termes d'interdit et de manque d'identification positive possible pour eux. Où est le surmoi, censé s'élaborer bien plus tôt, et pourquoi est-il défaillant ? La dimension psychodynamique de ces phénomènes pourrait permettre une meilleure compréhension et peut-être des éclairages sur les larges mesures à prendre par les autorités pour éviter trop de dégâts.

Le complexe d'Œdipe

Définition

On estime que le complexe d'Œdipe se met en place entre trois et cinq ans. Selon Freud, c'est à cette période que se déroule cette phase si structurante et fondamentale du psychisme humain qu'est l'œdipe. En effet, de cette période dépendent beaucoup d'éléments, comme le choix d'objet d'amour, l'accès à la génitalité, la constitution du surmoi et de l'idéal du moi. Pendant cette période, l'enfant éprouve des sentiments ambivalents (amour et haine) vis-à-vis de ses parents et il a des comportements homosexuels et hétérosexuels.

Tout commence par la découverte de la différence des sexes. Après les différents stades oral, anal et phallique, l'enfant, entre dans la période œdipienne. Il constate la différence des sexes et son appartenance à l'un des deux. Le petit garçon voit qu'il possède un pénis et que les filles n'en ont pas. Lorsque la petite fille voit qu'elle n'en a pas, elle pense qu'il a été coupé. La question fondamentale serait donc d'en avoir ou pas. L'angoisse de castration désigne la réaction de la petite fille qui fait suite au constat de son absence de pénis et la crainte, chez le petit garçon, de le perdre comme la fille. Cela va engendrer un désir chez la fille de l'acquérir, alors que le petit garçon va avoir peur de le perdre. Le petit garçon s'imagine que la mère a un pénis, puisqu'elle lui en a donné un. Elle est celle à qui il ne manque rien. L'enfant va se poser des questions et s'imaginer des réponses magiques en lien avec son système de pensée de cet âge qui prête une force magique aux adultes.

Le complexe d'Œdipe chez le petit garçon

Fort de ces interprétations, l'enfant ressent toujours l'angoisse de castration, structurante puisqu'elle va le pousser à mettre en place des défenses. Par rapport aux objets d'amour, le petit garçon va tenter de conquérir l'objet maternel sur le plan sexuel. Le père est un rival gênant, mais il est doté d'une grande puissance magique. L'objet de désir est la mère et le père possède l'attribut phallique. L'enfant veut le supplanter et l'imiter : il le prend comme modèle. Le père doit accepter ce jeu de séduction et de rivalité (« *un jour, tu seras comme moi* »). La mère, elle, ne doit pas encourager la libido de son fils envers elle. Devant cet amour impossible, le fils renonce à la mère et se soumet à la loi paternelle. Le père doit faire accepter cette loi sans casser l'enfant. Ce dernier doit pouvoir se tourner vers d'autres domaines à conquérir (copains) et sortir de cette phase avec une identification masculine possible. Il intériorise les principes du père.

Le complexe d'Œdipe chez la petite fille

A l'instar du petit garçon, la fille a comme premier objet d'amour la mère qui s'est occupée d'elle dès la naissance. Mais elle va se détacher de ce premier objet pour aller vers le père. Ce processus s'avère plus compliqué et plus long chez la fille. Après la découverte de la différence des sexes, la petite fille est très déçue. Elle en veut à sa mère de ne pas lui avoir donné de pénis. Elle va donc se tourner vers le père. Elle sait que c'est lui qui fait les bébés et son envie de pénis va se transformer en envie de bébé. La mère est en trop, mais la petite fille ressent quand même de l'amour pour elle, ce qui va déclencher des sentiments de culpabilité très forts. Le renoncement est plus graduel et moins complet chez la fille. Il provient de la peur de perdre l'amour de la mère et non pas de la peur de la castration, comme chez le petit garçon. Cette peur est moins puissante que l'angoisse de castration et elle est plus de l'ordre d'une blessure narcissique. C'est dans la mesure où la petite fille acceptera son état non comme un manque mais comme une position qu'elle sortira du complexe de castration.

Les fonctions de l'œdipe

C'est le point nodal autour duquel s'ordonnent les relations qui structurent la famille humaine. L'enfant apprend l'interdit de l'inceste, la différence entre les sexes et entre les générations. Le nom du père se transmet autour de l'interdit de l'œdipe (la fille ne peut porter le même nom que son père). C'est aussi la première séparation symbolique avec la mère. Le père est introduit et sépare la dyade mère-enfant.

C'est aussi le moment fondateur de la vie psychique. Cela représente l'accès à la génitalité, grâce à la découverte de l'érogénéité de la zone génitale. Il y a donc constitution d'un objet entier et sexué, une personne, et non plus des objets libidinaux partiels (comme la bouche au stade oral).

Le complexe d'Œdipe engendre aussi la constitution du surmoi et ouvre la porte aux identifications secondaires, qui vont permettre la poursuite de la construction de la personnalité et du rapport aux pairs.

3. Les psychopathologies de l'adulte

Les névroses

La structure névrotique s'organise autour du complexe d'Œdipe, sous le primat de l'économie génitale. Le sujet névrosé accède à la triangulation génitale sans avoir gardé de trop lourdes fixations prégénitales aux différents stades qu'il a traversés (oral, anal, etc.). Le conflit se situe au niveau du moi, entre le surmoi et le ça, c'est-à-dire entre un désir et un interdit. Ce conflit non résolu donne lieu à un symptôme ayant une valeur symbolique. L'angoisse du névrosé est l'angoisse de castration, liée à la peur de ne pas accéder à la puissance.

La névrose hystérique

C'est l'affectation la plus anciennement individualisée. Charcot a été le premier à la différencier des maladies neurologiques et Freud découvre par l'étude de cette maladie l'existence de l'inconscient. Elle touche majoritairement les femmes.

On retient deux traits essentiels dans l'hystérie : la mise en jeu du corps et le désir, celui d'être dans le champ du désir de l'autre.

Caractère

Le sujet atteint de névrose hystérique présente plusieurs particularités repérables :
- un théâtralisme. Les émotions sont souvent accompagnées de manifestations corporelles exagérées visant à attirer le regard de l'autre ;
- un histrionisme. La séduction sous-tend toutes les relations, mais le sujet n'ira pas au-delà ;
- une tendance à la rêverie. La réalité ne satisfait pas le sujet, qui imagine des scenarii où le désir est au premier plan ;
- une tendance à la mythomanie. Insatisfait par la réalité, le sujet remanie les faits selon ses désirs ;
- une suggestibilité. Le sujet est très influençable ;
- une dévalorisation, avec le besoin d'être valorisé et investi par autrui ;
- des problèmes mnésiques. Le refoulement est très actif chez les hystériques et leur fait oublier des moments vécus ;
- des troubles sexuels, avec une recherche du désir mais pas de l'acte.

Symptomatologie

Les symptômes permanents ou réguliers

Chez le sujet hystérique, le symptôme a une valeur de compromis entre un désir et un interdit. La représentation du désir est refoulée et la pulsion va se porter sur un autre objet, une partie du corps représentant d'une certaine façon l'objet de désir :

- plaintes somatiques quotidiennes ;
- conversion, mécanisme de formation du symptôme qui consiste en une transposition d'un conflit psychique dans des symptômes somatiques (paralysie d'un membre, aphorie, asthasie, trouble de la sensorialité, céphalées, maux de tête).

Les symptômes par crises : la « grande crise hystérique »

Aujourd'hui, on ne rencontre plus de grandes crises hystériques comme au temps de Charcot où les patientes perdaient conscience et mimaient de façon très théâtrale des scènes à connotation sexuelle. Au réveil, elles n'en avaient aucun souvenir. De nos jours, les crises hystériques se manifestent plus par des malaises (perte de connaissance), des crises de tremblements ou des états seconds (le sujet a l'air ailleurs, absent).

La névrose phobique

Caractère

Ce caractère est proche de celui de l'hystérique, avec deux caractéristiques particulières : la fragilité du moi et la place particulière du désir. Contrairement à l'hystérique, le sujet phobique fait tout pour ne pas se retrouver dans une situation de désir.

Le sujet atteint de névrose phobique présente plusieurs particularités repérables :

- une suggestibilité ;
- un histrionisme. Le sujet séduit, mais ne va pas au-delà, car la relation peut être dangereuse ;
- une conduite phobique, crainte d'être envahi par le désir et de ne pas être à la hauteur de son désir ;
- une anxiété. Hyperanxieux et toujours dans l'attente d'une catastrophe, le sujet voit l'aspect négatif des choses. Derrière, se cache la peur que les choses se réalisent et de ne pas pouvoir les assumer ;
- un besoin de gratification ;
- une inhibition ;
- un besoin de tout contrôler.

Symptomatologie

Les phobies sont les symptômes principaux. Une phobie est une crainte envahissante, irraisonnable et continue par rapport à un objet, et qui ne surgit qu'en la présence de celui-ci. Dans la structure névrotique, la phobie est un compromis entre un désir et un interdit, ce qui n'est pas le cas dans la psychose ni chez les sujets limites. L'angoisse liée au conflit interne est projetée à l'extérieur (mécanisme de projection) et se déplace (mécanisme de déplacement) sur un objet symboliquement représentatif de la source de l'angoisse (lire sur ce point le cas du petit Hans rapporté par Freud).

Les phobies peuvent être très invalidantes : le sujet peut ne plus sortir de chez lui pour ne pas rencontrer l'objet de la phobie. De plus, elles sont très culpabilisées. Les symptômes peuvent commencer par exemple par des bouffées d'angoisse, angoisse qui se focalise ensuite sur un objet.

Pour diagnostiquer une névrose phobique, il ne suffit pas de constater la présence de phobies, car ce symptôme peut surgir dans n'importe quelle organisation, sauf dans la paranoïa. Pour parler de névrose phobique, on devra noter, en plus de la phobie des éléments du caractère phobique, une capacité à verbaliser et à s'autocritiquer (peu d'autres symptômes sont associés à la phobie), et de la dépression qui n'est pas rare chez ces sujets.

C'est une bonne indication pour une psychothérapie comportementale ou une thérapie d'inspiration analytique.

La névrose obsessionnelle

Le névrosé obsessionnel entre dans un système compulsif pathologique. Le conflit qui en est l'origine s'organise autour du complexe d'Œdipe non dépassé. La situation œdipienne étant trop lourde, une régression au stade anal s'opère : le sujet s'en sert pour affronter l'œdipe. Les éléments dominants du stade anal sont l'agressivité, le goût pour la saleté, la pulsion d'emprise, l'opposition et le besoin de conserver. Par le travail de formation réactionnel, on va retrouver l'inverse de ces composantes dans le caractère et dans le comportement obsessionnel.

Caractère

Le sujet atteint de névrose obsessionnelle présente plusieurs particularités repérables :
- un hyperinvestissement de la pensée, à la place de l'affectivité et de l'action ;

• un doute permanent ;
• une psychasthénie, fatigue physique d'origine psychique, mais sans avoir fait d'effort physique particulier ;
• une autodévalorisation.

Symptomatologie

Les obsessions sont les symptômes principaux des névrosés obsessionnels. Il s'agit d'un trouble psychique caractérisé par l'irruption dans la pensée d'une idée qui ne quitte plus le sujet, malgré tous ses efforts pour s'en débarrasser. Cette pensée est culpabilisante et il ne peut la contrôler. On compte trois sortes d'obsessions :
• l'obsession idéative. C'est une idée, un mot ou un scénario qui vont s'imposer à la pensée du sujet, comme le doute ;
• l'obsession phobique. Il s'agit de l'irruption de l'idée d'un objet source d'angoisse pour le sujet. Le seul fait de penser à l'objet provoque l'angoisse, alors que dans la phobie, celle-ci survient en présence de l'objet. Il est donc plus difficile pour l'obsessionnel d'avoir des stratégies d'évitement ;
• l'obsession d'impulsion. Le sujet est dans la crainte perpétuelle de commettre un acte jugé comme sacrilège.

Le corollaire de l'obsession est le rite. Le rite a une valeur conjuratoire donnée par le sujet, pour mettre fin à l'obsession. Cela peut être une suite de chiffres, un mot, une pensée ou des mouvements à faire. Peu à peu, les rites deviennent une obsession et les sujets ne peuvent plus s'empêcher de les réaliser. Ils viennent à remplacer l'obsession. Contrairement aux sujets limites et schizophrènes, les névrosés sont culpabilisés par ces rites et ils sont capables de critiquer leur comportement.

Comme la névrose phobique, la névrose obsessionnelle peut se traiter sur le plan cognitivo-comportemental ou psychodymamique.

Les mots-clés concernant la névrose : conflit intrapsychique entre le surmoi et le ça, complexe d'Œdipe, angoisse de castration, triangulation, primat du génital et refoulement.

Les psychoses

Généralités

Caractère

La psychose est une maladie mentale qui serait due à une défaillance narcissique constituée dès le plus jeune âge. Le sujet psychotique n'a pas pu édifier son intégrité psychique et corporelle. Le monde interne et externe et la différence entre soi et l'autre ne sont pas bien différenciés. Ainsi, le mode de relation à l'autre est fusionnel. Le sujet psychotique craint à tout moment l'anéantissement et le morcellement. Tout son fonctionnement tend à l'éviter. Pour cela, il met en place un certain nombre de défenses comme le délire, qui est une autre interprétation de la réalité.

Symptomatologie

Les symptômes psychotiques ne sont pas des compromis entre un désir et un interdit, comme dans la névrose. Ils résultent de l'émergence d'un processus primaire dans la conscience, c'est-à-dire de l'irruption d'éléments de l'inconscient dans la réalité. Ces motions inconscientes, non secondarisées, viennent compenser une faille, un trou qui menacent la psyché d'effondrement.

On dénombre plusieurs symptômes typiquement psychotiques :
• la dissociation, rupture de l'unité psychique. Il en résulte un illogisme et une bizarrerie qui teintent toutes les sphères comportementales, affectives ou intellectuelles du sujet ;
• le délire, croyance inébranlable et irréductible en une conception fausse de la réalité. Il faut analyser le délire pour savoir dans quelle organisation psychotique on se trouve : mécanisme, thèmes et structuration du délire.

L'analyse du délire

Les mécanismes du délire

Ils peuvent être :
• hallucinatoires. Le sujet est envahi par des hallucinations sensorielles (olfactives, auditives, visuelles ou cénesthésiques) ou psychiques (impression que des voix sont à l'intérieur de lui) ;

• interprétatifs. Le sujet donne une fausse interprétation d'un fait réel, comme dans la paranoïa ;
• intuitifs. Le sujet croit sans fait réel que quelque chose se passe ou va arriver.

Les thèmes du délire

Ils sont influencés par la culture du sujet et très variés : persécution, jalousie, érotomanie, influence, mystique et hypocondrie.

La structure du délire

Elle est caractérisée par le degré d'extension (sectorisé ou en réseau) et le degré de systématisation (systématisé ou non, *i.e.* logique ou non)

Les différents types de psychoses

Les délires chroniques

Les différents types de délires

• La *paraphrénie* : rare, elle se caractérise par son délire à mécanisme imaginatif, systématisé et sectorisé. Le sujet se construit entièrement un monde dont il est le centre.

• La *psychose hallucinatoire chronique* (PHC) : elle commence entre 30 et 40 ans, avec des mécanismes hallucinatoires suivis généralement d'un automatisme mental (sentiment que quelqu'un contrôle ses propres pensées). Le délire est généralement sectorisé.

• La *psychose maniaco-dépressive* (PMD) : cette maladie cyclique passe de la phase maniaque à la phase mélancolique, avec des périodes de récupération *ad integrum*. Selon les différentes phases, le sujet se sent tout puissant ou au contraire se dévalorise et s'autoaccuse cruellement.

• La *paranoïa* : maladie dont le mécanisme du délire est interprétatif, souvent avec un thème de persécution. Elle apparaît vers 40 ou 50 ans, majoritairement chez les hommes, chez ceux-là même qui présentent déjà un caractère paranoïaque.

Caractère

Le sujet atteint de délires chroniques présente plusieurs particularités repérables :
• une méfiance vis-à-vis de l'autre ;

• une pauvreté affective ;
• une survalorisation de la pensée ;
• une hypertrophie du moi ;
• une psychorigidité.

Symptomatologie

Il s'agit d'un délire avec un mécanisme interprétatif et un thème de persécution (complots, etc.). Le délire est systématisé : bien construit, les autres peuvent y adhérer. En général, le persécuteur présumé est du même sexe que le sujet. Cette maladie est plus fréquente chez les hommes que chez les femmes. Le fonctionnement paranoïaque a pour but d'éviter une relation à l'autre trop fusionnelle, qui menace le sujet de la perte d'identité. On pense aujourd'hui que cette maladie provient de carences infantiles, ayant perturbé la différenciation psyche-soma.

La schizophrénie

En 1911, Bleuer définit la schizophrénie en ces termes : « *Psychose grave survenant chez l'adulte jeune cliniquement, caractérisée par des signes de dissociation mentale, de discordance affective et d'activité délirante incohérente. Ces différents éléments entraînent généralement une rupture du contact avec le monde extérieur et le repli autistique.* »

Son étiologie a donné lieu à diverses hypothèses. Pour les psychanalystes, la construction de l'unité psyche-soma ne s'établit pas et l'enfant, puis l'adulte, reste dans une représentation de soi morcelée. Il est donc incapable de se situer comme un être indépendant au moment de l'entrée dans l'âge adulte (période de décompensation schizophrénique). Aux Etats-Unis, l'école de Palo Alto (systémique) a observé la présence de messages infraverbaux ou paradoxaux (le double lien), utilisés dans le discours des familles de schizophrènes, qui pourrait expliquer la maladie. Le discours manifeste est le contraire du discours latent, ce qui met le sujet dans l'impossibilité de comprendre le sens (double sens paradoxal). Les courants plus médicaux mettent en cause les neurotransmetteurs. Les généticiens pensent qu'il y a une origine héréditaire et d'autres parlent de terrain plus propice génétiquement

Caractère

Le caractère dit « schizoïde » présente plusieurs particularités repérables :
• un repli et un isolement ;
• un goût pour l'abstraction ;

• une introspection ;
• une absence de contacts sociaux ;
• une pensée rigide et rationnelle ;
• une inhibition.

Mode d'entrée dans la maladie

• *Entrée progressive* : on peut voir certains signes apparaître, comme le manque soudain d'élan vital, une certaine fatigue, des difficultés de concentration, une recherche d'isolement et parfois une baisse inexpliquée des résultats scolaires. Peuvent s'ajouter des symptômes, allures névrotiques comme des phobies, mais en général elles sont centrées sur des préoccupations corporelles.

• *Episode aigu* : le sujet entre dans la schizophrénie par une bouffée délirante. Le délire est au premier plan construit sur des hallucinations, auxquelles le sujet adhère entièrement. Il ressent aussi un sentiment de dépersonnalisation entraînant de la dépression.

Symptomatologie

Les symptômes s'organisent autour de quatre éléments centraux, et ce au niveau de la sphère intellectuelle, affective et comportementale :
• l'ambivalence. Incapable de critiquer, le schizophrène accepte en même temps deux éléments opposés ;
• la bizarrerie, avec un comportement et une verbalisation incongrus ;
• l'hermétisme. On ne peut donner du sens à certains comportements et pensées ;
• le détachement. Le sujet paraît coupé de la réalité extérieure.

On note :
• au niveau intellectuel, une chute des performances, due à un trouble des associations (qui ne suivent plus la logique sociale), à des phénomènes de barrage (arrêt subit dans la parole, puis reprise sur un autre sujet), à des métaphores abstraites, au mutisme et à la création de néologismes ;
• au niveau affectif, un émoussement affectif, c'est-à-dire une apparente indifférence affective. Le sujet est coupé de ses émotions. Il peut aussi présenter le symptôme de négativisme (refus de rentrer en relation) et des parathymies (émotions paradoxales ou discordantes telles qu'affectivité labile et rires) ;
• au niveau comportemental, la bizarrerie et le détachement à travers un panel de comportements possibles comme la clinophilie, le maniérisme, les stéréotypies (toujours le même geste), le délire (différents degrés), l'autisme (repli) et la dépersonnalisation (le sujet ne se reconnaît plus).

Les différentes formes de la schizophrénie

Il existe différentes formes de schizophrénie :

• la schizophrénie simple, qui se caractérise par une inflation du caractère schizoïde, avec un repli au premier plan et le délire *a minima* ;

• la schizophrénie hébéphrénique, qui se caractérise par une démence et un apragmatisme (indifférence et désintérêt pour le monde extérieur) ;

• la schizophrénie paranoïde. Le délire est au premier plan, incohérent et systématisé.

La prise en charge

Les psychotropes, et notamment les neuroleptiques, permettent de calmer le délire du sujet. Au niveau psychothérapique, la psychanalyse classique n'est pas conseillée. L'entretien psychiatrique l'est davantage, ainsi que toutes les thérapies à médiation (arthérapie, psychodrame) qui permettent au sujet de se représenter et de reconstruire une image de lui-même.

Les mots-clés concernant la psychose : conflit entre le ça et la réalité, angoisse de morcellement, relation d'objet fusionnelle, processus primaire et délire.

Les fonctionnements limites

Cette notion est récente : dans les années 1940 et 1950, on observe que certaines pathologies n'entrent ni dans la catégorie des névroses ni dans celle des psychoses. Winnicott va décrire les personnalités en « *faux self* » et Deutsch, les « *névroses de transfert* ». Bergeret, Kernberg et Kohut continuent l'étude de ces nouveaux patients.

Problématique

La problématique du sujet limite ne se situe pas autour de la différenciation entre soi et non soi, comme chez le psychotique, ni autour de la castration liée au complexe d'Œdipe, comme chez le névrosé. Il s'agit d'une étape intermédiaire qui a empêché le sujet d'entrer normalement dans l'œdipe. Juste avant la période œdipienne, un traumatisme désorganisateur a bouleversé le processus de structuration. Le sujet ne peut alors pas se confronter à la phase œdipienne, vécue comme trop dangereuse, et il s'inscrit dans une période de latence précoce. Il doit penser avant tout à s'adapter au dysfonctionnement de l'environnement et ne peut se construire solidement. Il en résulte des aménagements caractériels de type hystérique, obsessionnel, phobique, ainsi qu'une grosse faille de l'identité et du sentiment d'exister. Sur le plan identificatoire, le sujet limite est resté au stade de l'adolescence. L'angoisse de perte de l'objet et de séparation est centrale, car le sujet compte en permanence sur l'objet avec lequel il entretient une relation dite « anaclitique » (de grande dépendance).

Symptomatologie

Le fonctionnement limite ne présente pas de caractère spécifique et les symptômes peuvent être très variables et prendre des allures tantôt névrotiques, tantôt psychotiques. On retiendra pourtant que c'est le champ des dépressions, avec souvent un sentiment de vide intérieur et d'ennui, qui laisse émerger une grande angoisse. Pour calmer celle-ci et pour combler ce vide interne, le sujet va développer des stratégies. Il peut se servir de l'autre, dont il devient très dépendant, ou de certaines addictions comme la nourriture (boulimie), l'alcool, la drogue et le sexe. Le sujet fait inconsciemment un travail de vidage de sa pensée, pour ne pas la laisser venir dans sa psyché. Il a une grande peur de son monde interne mal secondarisé, qu'il fuit sans cesse. Il fait donc preuve d'une faible capacité de mentalisation et de réflexion sur soi. Impulsif, il laisse libre cours à ses pulsions à travers de multiples passages à l'acte.

Les mots-clés concernant les fonctionnements limites : faille de l'identité, angoisse de la perte d'objet ou d'abandon, relation d'objet anaclitique (dépendance), passage à l'acte, dépression et clivage.

A noter : il existe aussi les pathologies de la perversion et les maladies psychosomatiques, que nous ne développerons pas dans cet ouvrage, car elles sont rarement étudiées en détail au cours du premier cycle.

4. Méthodologie

Le premier cycle de psychologie sert à acquérir les notions fondamentales de la psychologie, mais il reste général de façon à laisser aux étudiants le temps de choisir s'ils veulent poursuivre dans cette voix ou s'ils préfèrent en changer. Ce n'est donc pas la peine d'investir trop d'argent dans les livres en première année. Toutefois, pour ceux qui sont certains de continuer, il est bon de se procurer dès leur entrée à l'Université un dictionnaire de la psychologie, notamment celui de Laplanche et Pontalis.

D'une façon générale, nous ne saurions trop vous conseiller de lire les auteurs fondamentaux de la psychologie, de la psychanalyse et de la psychopathologie, mais aussi les livres pédagogiques qui permettent de clarifier la pensée.

Comment faire une analyse de cas ?

Il est fortement conseillé de ne pas partir dans des interprétations trop poussées, sauf si beaucoup d'éléments le permettent. Mieux vaut rester très prudent et toujours bien justifier les hypothèses diagnostiques.

Relevez les symptômes et définissez-les

Il faut bien connaître les différents symptômes, pouvoir en donner une définition claire et savoir dans quelle organisation on les trouve habituellement. Mais attention, ne vous basez pas uniquement sur les symptômes pour faire le diagnostic. Par exemple, rappelez-vous que « phobie » ne signifie pas « névrose », car on peut en trouver chez les psychotiques et chez les états limites.

Attention aussi au vocabulaire utilisé dans le commentaire donné à l'examen, qui peut induire en erreur : la terminologie utilisée dans la description est parfois à retraduire en termes psychopathologiques. Par exemple, si le sujet d'examen relate les paroles de la mère d'un patient parlant des troubles de son fils, c'est à vous d'en déduire de quels symptômes il s'agit en termes psychopathologiques.

Faites un compte rendu du cas aboutissant à une hypothèse diagnostique

La présentation du sujet

Présentez le patient, son nom, son âge, sa profession, sa vie familiale et les raisons qui l'ont poussé à consulter.

Les antécédents

Relevez si l'on mentionne des antécédents de la maladie mentale chez ce patient et sa famille.

Le caractère du sujet

Repérez les traits de caractère qui donneront des indices sur la structure. Appuyez-vous sur la description (s'il y en a une) du mode de contact avec le patient faite par le narrateur (froid, méfiant, séducteur, etc.).

La symptomatologie

Réunissez tous les symptômes éparpillés dans le compte rendu et traduisez-les en langage psychopathologique.

Le diagnostic différentiel

Il s'agit d'éliminer les différentes pathologies, en justifiant à l'aide d'éléments de la symptomatologie, du caractère, de la relation et de l'âge du sujet. Par exemple, la présence d'un délire hallucinatoire permet d'exclure l'hypothèse d'un fonctionnement névrotique. L'âge du sujet et le délire non systématisé poussent à exclure l'hypothèse de la paranoïa, etc.

En général, après avoir exclu l'organisation névrotique, on entre dans le champ de la psychose. Continuez à exclure les différents types de psychoses en argumentant : il ne devrait alors en rester plus qu'un. Toutefois, dans la pratique, il est fréquent qu'on hésite entre plusieurs diagnostics. C'est pourquoi il vaut mieux être prudent plutôt que trop sûr de soi. Une erreur de diagnostic ou un étiquetage trop rapide coûtent cher au patient. A l'examen, on vous demande de savoir raisonner et de peser les différents arguments en faveur de telle ou telle pathologie, et non de trouver une bonne réponse. Si le doute plane, on en déduit qu'il serait nécessaire d'avoir plus d'éléments et l'on suggère de faire passer au sujet des tests projectifs.

L'hypothèse diagnostique

En évitant de trop vous répéter, concluez sur une hypothèse diagnostique à l'aide de tous les éléments retenus dans ce sens (caractère, vie, symptômes, etc.). Vous pouvez éventuellement tenter d'expliquer l'origine des troubles si vous disposez d'éléments sur la vie infantile du sujet.

Un exemple de sujet

Observation et questions

Paul, un jeune homme de 20 ans, est amené par sa mère à la consultation. Grand, mince, assez pâle, il reste silencieux et regarde le médecin avec méfiance. Sa mère, très inquiète, nous dit qu'il ne voulait pas venir mais qu'elle a insisté parce qu'elle le trouve de plus en plus « bizarre *» depuis plusieurs mois. Elle raconte qu'ils viennent d'arriver à Paris car son mari y a été muté. Ils vivaient avant dans une grande ville de province. Paul s'est inscrit en faculté de lettres. Mais assez rapidement, il a commencé par ne plus vouloir aller à l'université. Puis à ne plus sortir de la maison et maintenant, il se cloître dans sa chambre. Sa mère précise que, peu après le déménagement, la grand-mère de Paul est décédée. Sa mère craignait de le lui apprendre car il était très proche d'elle. Mais, lorsqu'elle le lui a dit, il avait l'air d'être totalement indifférent. Il avait l'air ailleurs, absolument pas concerné par le chagrin du reste de la famille. D'ailleurs, il est souvent en train de rire tout seul et personne ne comprend pourquoi, parfois même lorsque la situation ne s'y prête pas du tout.*
Puis, il y a un mois, sa mère l'a entendu parler très fort tout seul dans sa chambre, comme s'il se disputait avec quelqu'un. Paul ne nie pas et semble ailleurs. Tout d'un coup, on a l'impression qu'il est préoccupé par quelque chose qu'il entend. L'angoisse se lit sur son visage, ses mains sont crispées. Le médecin lui demande s'il entend quelque chose. Il répond tout doucement : « Quelqu'un dans ma tête me dit que je suis Judas et je dois être puni ». *Paul est très inquiet et dit qu'il a besoin d'écouter de la musique très forte pour ne plus entendre cette voix.*

Relever les symptômes, les regrouper en syndromes et les définir. Quelle(s) hypothèse(s) diagnostique(s) donneriez-vous du cas ?

Corrigé

Le relevé des symptômes

Le délire

On constate un mécanisme hallucinatoire avec automatisme mental et thème de grandeur (« *être Judas* ») et de persécution (« *être puni* »). Le délire est non systématisé et en réseau : il envahit toute la pensée et le comportement du sujet. Paul semble avoir une attitude d'écoute et déclare entendre une voix qui le persécute. Le sujet ne contrôle donc plus ses pensées et se trouve envahi par des hallucinations psychiques.

Le syndrome dissociatif

Emoussement affectif : le sujet ne semble plus ressentir d'émotions. Quand on lui annonce que sa grand-mère est morte, il paraît indifférent.

Discordance affective, expression paradoxale des affects : le sujet éclate de rire à des moments incongrus.

Le syndrome autistique

Retrait et isolement social : le sujet semble s'enfermer en lui-même et ne plus pouvoir communiquer avec les autres. Il reste dans sa chambre.

Apragmatisme : il ne fait plus rien et ne va plus à l'université.

De plus, on observe une évolution insidieuse des symptômes depuis plusieurs mois.

Le compte rendu avec l'hypothèse diagnostique

Paul est un jeune homme de 20 ans, étudiant en lettres, sans antécédents psychiatriques, qui est amené par sa mère car il présente un comportement bizarre depuis plusieurs mois. Le sujet semble méfiant, anxieux et parfois absent. Il s'est peu à peu coupé de la vie sociale et présente un isolement social avéré. Il présente un délire hallucinatoire avec automatisme mental et thème de grandeur. Le délire est non systématisé et s'étend en réseau à toute la vie psychique du sujet. Il présente aussi une discordance affective et un apragmatisme de plus en plus avéré.

Le diagnostic différentiel

Les arguments réfutant le champ de la névrose et de la psychose

Plusieurs observations nous font écarter l'hypothèse névrotique et nous amènent vers l'hypothèse d'une décompensation psychotique :
- la présence du délire au premier plan ;
- l'indifférence affective ;
- l'absence de critique ;
- le type de relation distante.

Les arguments écartant le type de psychose qui ne correspond pas au cas

Plusieurs observations nous font écarter l'hypothèse d'un délire chronique :

- le délire polymorphe non systématisé ;
- la présence d'un syndrome dissociatif (discordance affective).

Les arguments en faveur du diagnostic retenu

Plusieurs observations nous laissent penser à une entrée dans la schizophrénie, de type paranoïde :

- l'âge du sujet ;
- le délire paranoïde ;
- le syndrome dissociatif ;
- le début insidieux.

A noter : restez incertain. Le diagnostic est toujours une hypothèse fondée sur des arguments. Il faut donc être prudent. On peut d'ailleurs préciser qu'on attend les résultats des tests projectifs pour confirmer le diagnostic.

PARTIE VIII

LA PSYCHOPATHOLOGIE DE L'ENFANT

1. Généralités

Le normal et le pathologique

La question du normal et du pathologique chez l'enfant est encore plus complexe que chez l'adulte. L'enfant connaît des phases de changement, de crise et en même temps, il est en construction de sa personnalité. Certaines crises sont normales et l'enfant en guérit. L'étude des symptômes nous renseigne sur la pathologie, mais doit également s'accompagner de l'analyse de la structure de personnalité de l'enfant, de l'observation de son développement génétique et de celle de son environnement.

Le symptôme

Le symptôme a une histoire qu'il faut resituer. A un certain âge correspondent des symptômes normaux, presque attendus par rapport au développement de l'enfant. Par exemple, vers trois ou quatre ans, l'enfant a des phobies, notamment de l'endormissement car il se souvient de ses rêves. A sept ans, on remarque souvent des rituels obsessionnels autour du coucher. Mais il faut repérer dans quelle mesure le symptôme gêne l'enfant : c'est la valeur dite « économique » du symptôme. Occupe-t-il tout le psychisme de l'enfant ? Lui laisse-t-il de la place pour continuer à vivre, à apprendre et à être curieux ?

Certaines phobies ou certains rituels obsessionnels non invalidants aident à vivre puisqu'ils ciblent toute l'angoisse en un point. L'importance des symptômes ne dit pas grand-chose sur la gravité du trouble. Un enfant très sage ne gêne personne, mais il peut souffrir de ne pas s'affirmer et de ne pas se construire. Une personnalité en faux *self* chez l'enfant pourra avoir de graves conséquences à l'adolescence ou lors du passage à la vie d'adulte.

Chez l'enfant, la structure n'est pas organisée de façon définitive et tout peut changer jusqu'à l'âge adulte, notamment lors de l'adolescence. Un enfant peut être phobique avec une structure névrotique qui se décompensera sur un mode psychotique à l'âge adulte. Par contre, un enfant atteint d'une psychose aura peu de chance de changer.

Une psychose de l'enfance ne donne pas une psychose de l'adulte. C'est pourquoi on distingue les deux champs de la psychopathologie. Une psychose infantile restera comme tel quand l'enfant deviendra grand et ne deviendra pas un délire chronique ou une schizophrénie. Les psychoses infantiles évoluent en général sur un mode déficitaire.

L'angoisse existe chez tous les enfants : c'est la façon dont ils la gèrent qui en fait des êtres malades ou sains. Dans la névrose, l'enfant parvient à prendre en charge l'angoisse par des défenses plus ou moins coûteuses. Dans la psychose, l'enfant est totalement submergé par ses angoisses. Il n'a pas de garde-fous psychiques pour l'en protéger et son rapport à la réalité en est altéré. On observe souvent le phénomène de régression chez les enfants. C'est une défense contre l'angoisse de l'abandon ou de la castration. Lorsqu'un puîné arrive dans la famille, l'aîné peut refaire pipi au lit, pour qu'on s'occupe de lui comme le bébé. En général, c'est un comportement transitoire, le temps de faire le deuil de l'ancienne situation d'enfant unique. Mais si ce nouveau comportement s'installe durablement, il devient pathologique car il commence à se fixer.

Le développement génétique

On doit également prendre en compte le développement génétique et notamment les conflits de développement auxquels l'enfant fait face selon son âge. Par exemple, à deux ans, il dit « non » pour affirmer son existence, puis plus tard, il entre dans le conflit œdipien qui génère des angoisses multiples et des désirs contradictoires.

L'environnement

Enfin, l'environnement de l'enfant est très important pour comprendre et prendre en charge un enfant car il en est très dépendant. Les troubles de l'enfant ne sont pas les symptômes des troubles des parents. Il s'agit toujours d'une interaction entre les deux. Un bébé qui sourit fait de bons parents car il les conforte dans leur identité de « bons » parents. Mais un bébé qui pleure tout le temps dès sa naissance les fragilise car ils ont alors l'impression de ne pas bien s'en occuper. Plus tard, il pourra aussi montrer son mal par son comportement (hyperactif, psychopathique, dépressif, etc.). L'enfant déprimé n'a pas les mêmes symptômes que les adultes et il va falloir comprendre et traduire son comportement pour lire le message de mal-être (dépression spécifique de l'enfant).

2. Les pathologies de l'enfant

Les troubles corporels

L'enfant, parfois même l'adolescent, ne se représente pas pourquoi il souffre et n'en a pas toujours conscience. Il ne peut donc pas dire son mal-être. Celui-ci va alors se faire entendre par le langage du corps. A travers un trouble ou une conduite corporelle (autour de la nourriture ou du sommeil), par conversion hystérique ou encore par un trouble fonctionnel ou végétatif (diarrhée, étouffement, sudation, énurésie, etc.), l'enfant exprime son problème.

Les troubles oraux alimentaires

La fonction alimentaire est vitale et suscite la sollicitude toute particulière de l'entourage. Quand il y a un problème relationnel entre l'enfant et son environnement, il peut s'exprimer par cette voix.

Les vomissements psychogènes

A partir de six mois, ils signent un trouble des relations avec les parents, qui peut être causé par le changement des conditions de vie (placement en nourrice). Le bébé montre ainsi son mécontentement.

Le mérycisme

Assez rare, il est provoqué par un effort de contraction qui fait régurgiter l'enfant, qui mâche alors pendant des heures la nourriture retrouvée. Ce dernier prend une attitude rêveuse, absente avec un regard vide, comme un comportement autistique. L'enfant manque de soin et cherche un moyen de se faire du bien. Dès qu'on s'occupe de lui, le comportement cesse. Souvent, les mères de ces bébés sont dépressives, donc indisponibles psychologiquement.

L'anorexie

L'anorexie du sevrage (de 5 à 8 mois)

L'enfant peut présenter un refus de s'alimenter lorsqu'il doit changer de nourriture, car le changement l'angoisse. Cela peut aussi provenir d'un malentendu entre les besoins de l'enfant et ce qu'en comprend la mère.

L'anorexie liée à la dépression

L'enfant souffre d'un sentiment d'abandon, d'être mal aimé et il ne se nourrit plus. C'est une forme réactionnelle à un événement qui s'inscrit dans son vécu. Ce trouble touche l'angoisse de séparation.

L'anorexie mentale

L'anorexie mentale touche dix filles pour un garçon. L'âge moyen de l'atteinte se situe entre 15 et 18 ans. Il s'agit d'adolescentes qui n'ont aucun passé psychiatrique, provenant de familles ordinaires souvent aisées. Cela peut débuter suite à une réflexion sur un embonpoint ou un désir de séduction. La conduite anorexique commence par un tri des aliments, qui peut passer inaperçu, puis elle se poursuit par l'élimination des graisses et des sucres. L'adolescente finit par prendre ses repas seule et refuse enfin tout aliment. Elle n'a plus faim (anorexie), mais elle peut avoir des accès de boulimie et se faire vomir juste après.

Les signes cliniques de l'anorexie mentale sont l'amaigrissement, l'aménorrhée (absence de règles), l'anorexie (perte de l'appétit). A côté de ces signes, on peut repérer des conduites comme l'hyperactivité ayant pour but d'éliminer, l'absence de fatigue, un hyperinvestissement intellectuel, de façon défensive, et une grande exigence envers elle-même. La jeune fille ne veut pas reconnaître sa maigreur. Elle souhaite maigrir de façon préventive, car elle pense qu'elle va grossir. On note aussi le caractère obsessionnel de certaines conduites : l'anorexique mesure, trie, chipote et elle est obsédée par l'idée des calories.

L'anorexie est un trouble de l'adolescence, spécifique à cette partie de la vie où le corps change et où l'on veut prendre son autonomie de jeune adulte. L'anorexique refuse de voir apparaître des formes féminines et n'a trouvé que ce moyen pour se sentir libre vis-à-vis de ses parents. Il existe différents types d'anorexie : cela dépend dans quelle structure de personnalité le symptôme apparaît (névrotique, limite ou psychotique). De façon très résumée, on peut dire que la jeune fille anorexique ne peut entrer en conflit avec ses parents et leurs idéaux : elle choisit donc l'autodestruction comme conduite pour s'affirmer.

L'anorexie peut se développer à différents âges : elle prend alors sens en fonction du conflit développemental dans lequel l'enfant se trouve.

La boulimie

Les enfants boulimiques ont souvent le sentiment de ne pas être aimés et ils se remplissent de nourriture, faute d'apport affectif. Ils refusent de manger à table, puis se jettent sur le réfrigérateur pendant la nuit.

Les troubles sphinctériens

La maîtrise sphinctérienne se réalise progressivement grâce à la maturation nerveuse et à l'éducation.

L'énurésie

Il s'agit de la miction involontaire chez l'enfant de plus de quatre ans. Sur le plan psychologique, l'énurésie peut venir d'un conflit non résolu avec l'entourage, car l'enfant sait que son comportement déplaît à ses parents, la propreté étant considérée comme un cadeau. Lorsque l'énurésie apparaît chez un enfant qui était propre, elle est souvent liée à un problème psychoaffectif. Les parents ne doivent ni se sentir agressés, car ils répondront alors mal au problème, ni démissionner, car l'enfant ne sera pas compris.

L'encoprésie

C'est la perte de contrôle de la défécation, plus rare que l'énurésie mais aussi plus sévère. Les enfants font comme s'ils n'avaient rien fait. Ils dissimulent les symptômes. Ils ne cèdent pas et se sentent blessés par les sollicitations de leurs parents. L'encoprésie se développe chez différents types d'enfants : agressifs (enfant coléreux, bagarreur), névrotiques, angoissés, inhibés avec un sentiment de culpabilité, ou passifs, négligents dans leur propreté (carences éducatives). Il faut alors analyser le rôle qu'on donne à l'enfant dans la famille.

Les troubles du sommeil

En grandissant, le bébé va dormir de moins en moins et rester de plus en plus éveillé dans la journée. Il faut respecter son rythme de sommeil et ne pas entrer en conflit avec lui sur ce sujet, sinon il fera un lien entre conflit et sommeil qui deviendra pathologique.

Les insomnies précoces

Elles se manifestent de deux façons différentes :
- agitées, avec des colères ;
- silencieuses. L'enfant reste dans son lit les yeux grands ouverts.

Les difficultés d'endormissement (de 2 à 5 ans)

A deux ans, l'enfant dit « non » pour s'affirmer. Il refuse donc souvent d'aller se coucher, car cela symbolise aussi la séparation d'avec la mère et le départ vers l'inconnu. Le coucher peut être angoissant pour l'enfant qui a besoin d'être rassuré. Les rituels autour du coucher l'aident à aller dormir plus sereinement, car c'est une façon d'apprivoiser et de contrôler ce moment angoissant. Parfois, l'angoisse vient des parents (peur qu'il arrive quelque chose dans le noir), qui la transmettent à leur enfant.

La terreur nocturne

L'enfant se réveille soudainement et se met à hurler, le regard effrayé. Il ne reconnaît pas tout de suite ses parents. Puis cela se dissipe et il se rendort. Ces terreurs disparaissent au-delà de cinq ans.

Le rêve d'angoisse

L'enfant se réveille après un rêve angoissant. C'est plus fréquent que les terreurs nocturnes. S'il persiste, le rêve d'angoisse peut traduire une souffrance psychique.

Les automatismes moteurs

Pendant qu'il dort, l'enfant se balance, dans un mouvement autoérotique. C'est le rythme qui importe. Il s'agit souvent d'enfants ayant des carences affectives.

Les psychoses infantiles (entre 2 et 5 ans)

Sémiologie générale

L'isolement autistique

L'enfant refuse le contact avec les autres, adultes ou enfants. Il ne peut pas communiquer et s'isole. Il cherche le contact sensoriel avec les objets, d'une façon archaïque. Le contact avec l'autre semble représenter pour lui une intrusion brutale.

Le besoin d'immuabilité ou *sameness*

L'enfant cherche à maintenir l'environnement matériel tel quel et ne supporte pas le changement. Chaque objet a une place fixe et définitive.

Les stéréotypies

L'enfant fait des gestes de façon répétitive, avec ses mains et ses bras. Il vit son émotion par des mouvements.

Les troubles du langage

L'enfant est enfermé dans un mutisme. Parfois, il répète des mots ou des phrases qu'il entend (écholalie). Mais il ne peut dire « je ».

Les troubles affectifs

Une grande angoisse du monde extérieur submerge l'enfant. Il manque d'appétence pour la relation et peut avoir des grosses colères provoquant des comportements d'automutilation.

Les psychoses précoces

L'autisme de Kanner

On retrouve des éléments décrits plus haut, notamment :
- l'isolement ;
- le besoin d'immuabilité ;
- les stéréotypies motrices et verbales.

La psychose symbiotique de Malher

On la diagnostique sur des enfants de trois ou quatre ans. Elle se caractérise par :
- une angoisse massive de séparation, prise d'autonomie insurmontable ;
- des réactions violentes ;
- une régression des acquisitions.

Les psychoses déficitaires

Elles concernent les enfants présentant une arriération mentale profonde.

Les psychoses à expression tardive

Elles se déclarent vers six ou sept ans, avec un développement apparemment normal jusque-là. Les enfants ont notamment acquis des moyens de communication. Les signes sont :
- un isolement ;
- une inhibition à la relation ;
- une grande instabilité.

Les enfants n'utilisent pas les modes de communication appris et restent dans leur monde. Lorsqu'ils parlent, on note des propos d'allure délirante avec des thèmes d'empoisonnement, de filiation et de dépersonnalisation. Ils présentent beaucoup de bizarreries imaginaires et parlent d'eux-mêmes comme de quelqu'un d'autre.

Les états prépsychotiques

On les appelle aussi dysharmonies évolutives de structure psychotique ou états limites, ou encore parapsychoses. Ce sont des enfants aux frontières de la psychose, mais pas encore tout à fait psychotiques.

Les signes caractéristiques sont les suivants :
- un trouble du comportement, qui se traduit par une instabilité ou une inhibition, selon les cas ;
- une activité imaginaire incohérente et crue. Les fantasmes agressifs et sexuels ne passent pas par une élaboration secondaire et submergent la pensée. Cela engendre de fortes réactions émotionnelles dues à l'angoisse de ces représentations mentales ;
- une angoisse de destruction et d'anéantissement, qui est massive. Insécurité fondamentale : le soi n'est pas solide ni bien différencié ;
- une organisation libidinale chaotique, en deçà du génital ;
- une intensité des tendances agressives. Les pulsions de mort ne sont pas liées aux pulsions de vie et le fantasme de destruction est au premier plan ;
- le maintien d'un sens de la réalité, malgré les traits psychotiques ;
- le caractère dysharmonique du développement instrumental. Certaines acquisitions sont tardives par rapport à d'autres précoces.

Si ces enfants sont suivis assez tôt en psychothérapie, ils peuvent se réorganiser sur un mode névrotique.

Les dépressions

Elles sont plus difficiles à repérer chez l'enfant que chez l'adulte, car elles sont souvent masquées. L'enfant n'exprime pas sa tristesse de façon directe et il faut le plus souvent savoir la décoder.

Sémiologie générale

On constate :
- un isolement ;
- une anxiété et des phobies ;
- des signes physiques comme l'énurésie ou l'anorexie ;
- une inertie, une inhibition ou une grande agitation ;
- une humeur changeante, de la colère et de l'agressivité ;
- une tristesse durable ;
- des difficultés scolaires.

Contrairement à ce qu'on pourrait croire, l'hyperactivité peut être un symptôme révélant une dépression. L'enfant lutte contre la dépression en s'agitant, ce qui lui évite de penser.

Le cas du nourrisson

Chez le tout-petit, les signes sont de l'ordre de l'apathie et du refus d'entrer en relation. La dépression est souvent due à des carences affectives qualitatives ou quantitatives. Une mère déprimée n'est pas disponible, même si elle est présente pour donner de l'affection. Il faut faire attention au diagnostic qui peut être plus grave (autisme). Avec des soins dispensés par une personne de référence à laquelle l'enfant peut s'attacher, ou en prenant en charge aussi la mère, la dépression du bébé va se guérir.

Notons aussi que chez le nourrisson ou le bébé, on remarque souvent des atteintes psychosomatiques comme l'eczéma, les allergies ou autres. Il peut s'agir d'une façon de montrer une souffrance psychique. L'énergie pulsionnelle se retourne contre le bébé, au lieu d'être évacuée vers l'extérieur par les mots (qu'il n'a pas) ou par des pleurs. Les parents viennent souvent consulter, envoyés par leur pédiatre. Les consultations se font alors avec un psychothérapeute, le bébé et la mère, ou les deux parents. Le thérapeute observe les interactions entre la mère et le bébé, et pendant que l'enfant se met à jouer, des mots s'échangent entre les adultes. L'enfant ne perd pas une miette de ce discours. Ce qui est thérapeutique est la mise en mots d'un mal-être dans la famille, d'une difficulté à s'occuper du bébé. Le psychothérapeute est là pour aider à cette mise en mots d'un non-dit pesant sur le bébé qui supporte les projections inconscientes, parfois lourdes, des parents. Très vite, l'enfant va perdre ses symptômes psychosomatiques.

Les névroses

Définition

Précisons à nouveau que la structure de personnalité de l'enfant n'est pas fixe. Elle est en pleine construction et encore malléable. De plus, la névrose est un trouble provenant d'un conflit intrapsychique entre un désir et un interdit, or celui-ci n'est pas intériorisé dans la première partie de l'enfance (avant cinq ou six ans). On ne peut donc pas parler de véritable névrose, mais on dira plutôt « trouble d'aspect névrotique ».

Les symptômes d'allure névrotique, phobies, obsessions ou somatisations, peuvent se trouver chez un même enfant qui s'en sert pour lutter contre l'angoisse générée par le conflit intrapsychique. Il y a une grande fluctuation et mixité des symptômes. Quand l'interdit est trop fort, le sujet ne parvient plus à gérer l'angoisse et les symptômes s'enflamment. Toutefois, il ne faut pas se fier à l'aspect extérieur du symptôme, mais à sa valeur économique et à sa fréquence.

Les différents types de névroses

La crise d'angoisse

Ce peut être une crise d'angoisse ou une angoisse permanente, avec un pessimisme profond.

La névrose phobique

Les pathologies phobiques apparaissent vers sept ans. Par exemple, dans le cas de la phobie scolaire, l'enfant ne veut plus aller à l'école. Il revit l'angoisse de séparation et ne veut pas laisser ses parents seuls à la maison. Les phobies œdipiennes servent à gérer l'angoisse issue du conflit œdipien. On se raconte des histoires pour se faire peur et pour mieux maîtriser cette angoisse.

La névrose obsessionnelle

L'enfant est méticuleux : il range, vérifie. Autour de l'œdipe, les rituels sont très communs vers l'heure du coucher. Ils servent à contrôler l'angoisse de la séparation, du noir et de l'inconnu. Plus la culpabilité œdipienne est grande et plus les rituels vont être développés.

La névrose hystérique

Chez l'enfant, l'hystérie est décelée après l'œdipe entre sept et neuf ans. Le symptôme principal est la conversion (problème locomoteur, cécité, aphonie, etc.), mais elle reste très rare chez l'enfant. Tous les enfants ont des comportements d'allure hystérique : désir de plaire, séduction, théâtralisme, suggestibilité, mais parfois après l'œdipe, la difficulté à gérer l'angoisse œdipienne peut se manifester par des conversions.

La psychopathie

Comme chez les adultes, il s'agit de sujets qui passent à l'acte. Ils n'ont pas intégré l'interdit pour eux-mêmes. Ce sont des enfants très dépendants des autres, avec une grande intolérance à la frustration. Ils ne supportent pas les limites, qu'ils vivent comme persécutrices. A l'école, ils accumulent les sanctions et les reproches de leurs pairs et des professeurs, et deviennent rapidement des enfants problématiques pour les éducateurs. Ils renforcent par leurs actes le sentiment en eux-mêmes d'être mal aimés. Ils sont avides d'affection et ont sans cesse besoin d'être rassurés sur l'amour qu'on leur porte. A l'adolescence, la symptomatologie se transforme en vols, fugues ou agressions et les sujets se retrouvent vite dans le circuit judiciaire.

Ce sont des enfants qui souffrent, mais qui n'arrivent pas à se représenter leur souffrance. Ils n'ont pas de capacité élaborative. Le seul moyen qu'ils ont acquis pour soulager leur souffrance psychique est le passage à l'acte agressif. Leur vie fantasmatique est peuplée d'agressivité et de fantasmes de destruction. D'autre part, ce sont des enfants abandonniques, qui ont de grosses failles narcissiques. Ils ont souvent grandi dans un milieu familial précaire (alcoolisme, absence des parents, etc.).

3. Méthodologie

L'élaboration de fiches détaillées

Pour bien connaître les notions psychopathologiques, nous vous conseillons de faire des fiches par pathologie. Il faut également connaître les définitions des symptômes. Vous pouvez aussi choisir de rédiger des fiches par thème, par exemple sur l'angoisse chez l'enfant.

Voici plusieurs grandes questions qui vous permettront de structurer votre fiche et votre pensée :

- L'angoisse est-elle normale ou pathologique ?
- D'où provient-elle ?
- Dépend-elle de l'âge ?
- Comment se manifeste-t-elle ?
- Dans quel type de pathologie la trouve-t-on ?

Pour les discussions, référez-vous à l'étude de cas décrite dans le chapitre 3 de la partie I.

L'utilisation d'un matériel spécifique

Sachez que pour les enfants, les psychologues se servent beaucoup de différents types de matériels. L'enfant ne se livre pas facilement par la parole, on utilise donc des méthodes d'approche différentes comme le dessin, la pâte à modeler ou les tests d'intelligence et projectifs.

Vous apprendrez ainsi pour l'étude de cas d'enfants à vous servir de plusieurs types de matériels. Si vous n'apprenez pas l'étude des tests en premier cycle (cela dépend des universités), vous les étudierez plus tard dans votre cursus. Les résultats vous seront alors donnés à l'examen et vous vous en servirez pour analyser le cas et argumenter en faveur d'un certain diagnostic.

La psychopathologie de l'enfant est liée à son développement psychoaffectif. Il faut donc bien connaître les étapes génétiques depuis la naissance. Lorsqu'on lit le sujet d'examen, il faut toujours avoir à l'esprit l'âge de l'enfant, pour savoir ce que cela signifie au niveau de son développement cognitif, moteur, affectif et libidinal. C'est par exemple en fonction du conflit qu'il est en âge de vivre que l'on comprendra la pathologie. De même, pour repérer un retard ou une régression, il faut bien sûr savoir ce qu'on attend généralement à cet âge-là en terme d'acquisition.

PARTIE IX

LA BIOLOGIE

1. La neurophysiologie

L'anatomie du système nerveux

Le système nerveux s'organise autour du système nerveux central (SNC), du système nerveux périphérique (SNP) et des systèmes nerveux somatique et végétatif.

Définitions

La phylogenèse est le processus d'évolution des systèmes vivants, de génération en génération.

L'ontogenèse est le processus de développement d'un individu.

L'homéostasie définit la propriété des êtres vivants qui, à l'intérieur de certaines limites, peuvent stabiliser leurs différentes constantes physiologiques. Il s'agit par exemple de la constance du milieu intérieur.

Le système nerveux central

Les principaux centres nerveux s'organisent selon cette hiérarchie :
- le cerveau, qui collecte, élabore et enregistre des messages ;
- le cervelet, qui participe au contrôle et à la coordination des mouvements volontaires. Il joue également un rôle important dans l'équilibration, au niveau du tonus postural ;
- le tronc cérébral, organe de relais assurant également la régulation des fonctions réflexes et des états de veille (température, respiration, etc.) ;
- la moelle épinière, organe de relais avec des fonctions réflexes qui lui sont propres.

Le cerveau, le tronc cérébral et le cervelet forment ensemble l'encéphale.

Ces centres sont caractérisés par leur hypercomplexité et leur plasticité. Ils représentent des organes très évolués, avec un très grand nombre de connexions, dont beaucoup peuvent être redondantes. L'information nerveuse circule donc très rapidement et est traitée de façon spécifique en interaction avec les différents centres. La redondance des connexions neuronales permet une grande plasticité cérébrale, avec des réparations et des compensations possibles en cas de lésions dans certaines zones.

Le système nerveux périphérique

Les voies nerveuses du SNP vont assurer un traitement et une transmission de l'information. Ces voies sont composées de nerfs et de fibres nerveuses dont les afférences sont sensitives et les efférences, motrices.

Un nerf efférent conduit l'information des centres nerveux vers la périphérie. Il correspond aux fibres qui sortent d'un organe. Un nerf afférent conduit l'information de la périphérie vers les centres nerveux. Il correspond aux fibres qui arrivent dans un organe.

Les nerfs sensitifs correspondent ainsi à des neurones afférents et les nerfs moteurs, à des neurones efférents, et certains nerfs mixtes concernent des neurones à la fois afférents et efférents.

Ces nerfs possèdent trois types de récepteurs, classés selon leur localisation :
• les extérocepteurs, situés à la surface du corps et sensibles aux stimuli de l'environnement ;
• les propriocepteurs, situés dans les muscles, tendons, articulations et dans l'oreille interne, renseignant sur la posture ;
• les viscérocepteurs (ou intérocepteurs), situés à la surface interne du corps (tube digestif, vaisseaux sanguins, etc.), intervenant dans la motricité viscérale.
L'extéroception et la proprioception composent la somesthésie, c'est-à-dire la sensibilité somatique générale.

Les effecteurs stimulés par ces fibres nerveuses sont des muscles ou des glandes, plus particulièrement :
• les muscles striés, muscles squelettiques, responsables de la somatomotricité ;
• les muscles lisses, muscles viscéraux, responsables de la viscéromotricité ;
• les glandes endocrines, glandes à sécrétion interne dont la sécrétion (par exemple les hormones) se déverse directement dans le sang (par exemple l'hypophyse) ;
• les glandes exocrines, glandes à sécrétion externe dont la sécrétion se déverse à l'extérieur de l'organisme, soit directement (par exemple la peau), soit dans une cavité communiquant avec le milieu extérieur (par exemple le tube digestif).

L'influx nerveux va des récepteurs aux effecteurs, avec très souvent des effets de rétroaction : dans la rétroaction, l'effecteur qui a reçu l'information nerveuse renvoie une nouvelle information sur son état, dans l'autre sens, vers le récepteur, qui adaptera sa prochaine transmission en fonction de cette rétroaction.

Le système nerveux somatique et végétatif

Le système nerveux somatique (SNS)

Il est chargé de la motricité volontaire, semi-automatique et réflexe. Il concerne donc le fonctionnement des muscles, volontaire et conscient. L'information nerveuse y est véhiculée par les voies somato-motrices.

Le système nerveux végétatif

Il assure les fonctions vitales de base comme la circulation, la respiration, la digestion, l'élimination, etc. Son activité correspond donc au mode réflexe, non volontaire et non conscient. L'information nerveuse y circule par les voies orthosympathique et parasympathique, dévolues à deux modes d'action bien spécifiques :
• le SNV orthosympathique, qui prépare le corps à l'action en mobilisant les ressources de l'organisme ;
• le SNV parasympathique, chargé de la restauration et de la conservation des ressources de l'organisme.

Les cellules nerveuses et les cellules gliales

Le tissu nerveux est notamment constitué de cellules nerveuses, également appelées neurones, et de cellules gliales. Elles sont indissociables et forment le tissu nerveux avec les vaisseaux sanguins, le tissu conjonctif (agissant comme un emballage et assurant une protection) et le liquide extracellulaire, également appelé liquide interstitiel.

Les cellules nerveuses ou neurones

Un neurone est constitué d'un corps cellulaire dans lequel se trouve le noyau de la cellule, d'un axone, fibre partant de ce noyau pour gagner une cellule cible, et de dendrites, petites fibres situées à la terminaison axonale et assurant la connexion avec la cellule cible. Ces neurones peuvent être unipolaires (ne possédant pas de dendrites, juste un axone), bipolaires ou multipolaires.

Le corps cellulaire d'une cellule (qu'elle soit gliale ou neuronale) est entouré d'une membrane cellulaire, aux propriétés bien particulières. Celle-ci est appelée membrane plasmique et va assurer la délimitation entre le milieu intracellulaire et milieu extracellulaire, laissant passer des molécules spécifiques, au moyen de protéines de transport.

A l'intérieur du corps cellulaire se trouve son noyau, délimité par une membrane nucléaire, et contenant, entre autres, la chromatine (composée d'ADN et de protéines).

Au sein du milieu intracellulaire se trouvent également :
• des mitochondries, fournissant l'énergie cellulaire ;
• l'appareil de Golgi (servant au stockage) ;
• les lysosomes, permettant la digestion et l'excrétion des éléments consommés ;
• les neurofibrilles, protéines en filaments groupées autour du noyau ;
• le corps de Nissl, constitué d'un amas de ribosomes servant à la biosynthèse et au transport des protéines.

Les axones de certains neurones sont myélinisés, c'est-à-dire qu'ils sont recouverts d'une gaine de myéline, substance blanche assurant une meilleure conduction de l'information. Il y a une majorité de neurones myélinisés dans le système nerveux central. La myélinisation se fait progressivement, durant la maturation du SNC et se poursuivra pendant l'enfance. Il n'y a pas de myéline dans les zones de départ et de fin de l'axone, et celle-ci recouvre la fibre de différentes manières. Certaines cellules gliales, telles que les oligodendrocytes et les cellules de Schwann, viennent ainsi s'enrouler autour des axones des neurones, créant une gaine protectrice et conductrice.

La connexion entre deux neurones, le plus souvent située entre les dendrites d'un neurone et le corps cellulaire d'un autre, est appelée synapse. Ce lieu fondamental de la transmission de l'information est appelé espace synaptique, ou fente synaptique, du fait de sa structure particulière. La transmission de l'information quitte alors la voie nerveuse pour être traduite au moyen de neuromédiateurs, également appelés neurotransmetteurs, qui vont être libérés dans l'espace synaptique et se fixeront sur les récepteurs de la cellule cible.

Les cellules gliales

Bien que les neurones soient les éléments de base du système nerveux, seules 10 % des cellules composant le tissu nerveux sont des neurones. Le reste est constitué par les cellules gliales, dont on désigne l'ensemble par le terme névroglie. Il existe une névroglie centrale et une névroglie périphérique. Leur rôle est très important puisqu'elles doivent soutenir les neurones et pourvoir à leurs besoins métaboliques.

Certaines de ces cellules sont responsables de la myélinisation des axones neuronaux, telles que :

• les cellules oligodendrocytes, qui s'enroulent tout entières autour de l'axone, avec leur noyau. Ces cellules ne se myélinisent pas toujours ;

• les cellules de Schwann, qui enroulent plusieurs de leurs prolongements autour de différents axones, mais pas leurs noyaux. Cela permet un gain de place, particulièrement crucial dans le SNC. Ces cellules se myélinisent toujours une fois enroulées.

On rencontre d'autres cellules gliales dans le SNC : les cellules astrocytes, disposées en étoile, les cellules épendymaires, placées le long des cavités, et les cellules de la microglie, comme les phagocytes.

Les cellules gliales jouent ainsi un rôle de soutien structural, de protection, ainsi qu'un rôle métabolique au niveau nutritif et immunitaire. Elles ont une participation indirecte, mais fondamentale, dans la transmission nerveuse par le biais de la myélinisation.

La substance blanche et la substance grise

La substance blanche

Elle désigne la partie des centres nerveux constituée presque exclusivement de fibres nerveuses. Sa coloration est due à la présence de gaines de myéline qui entourent la plupart de ces fibres. La substance blanche correspond donc aux voies de conduction nerveuse.

La substance grise

Par opposition à la substance blanche, la substance grise des centres nerveux représente surtout les corps cellulaires des neurones, et non pas leurs fibres axonales. Ces corps cellulaires peuvent se réunir en unités fonctionnelles, appelées les noyaux.

La genèse et l'anatomie du système nerveux

La formation du tube neural

L'organogenèse du SN est conditionnée par l'interaction de facteurs génétiques et épigénétiques. Elle débute par la formation du tube neural, dont la partie caudale donnera la moelle et la partie céphalique, l'encéphale. Cette formation a lieu au cours de l'embryogenèse : au cours de la troisième semaine de vie intra-utérine, un sillon neural se creuse sur la plaque neurale. Puis, à la fin de la troisième semaine, apparaît la gouttière neurale. Au début de la quatrième semaine, le tube neural est formé et surplombé des crêtes neurales. Au cours de la quatrième semaine, la substance blanche et la substance grise se constituent.

A la fin de la quatrième semaine, apparaissent trois vésicules : le prosencéphale, le mésencéphale et le rhombencéphale. Puis, lors de la cinquième semaine, ces trois vésicules deviendront cinq, par division de la première et de la troisième vésicules : le myélencéphale, le métencéphale, le mésencéphale, le diencéphale et le télencéphale.

Au cours des sixième et septième semaines, des cavités se forment entre ces vésicules, au nombre de quatre, que l'on désigne sous le terme de ventricules. Le liquide céphalo-rachidien (LCR), ou liquide cérébrospinal, remplit ces ventricules. L'aqueduc de Sylvius s'ajoute à ces cavités.

Trois méninges vont également se former :
• la dure mère. Résistante et accolée à l'os, elle protège des chocs et des vibrations ;
• l'arachnoïde, qui forme un réseau de mailles où circule le LCR. Elle assure un rôle d'amortisseur grâce à sa suspension hydraulique ;
• la pie mère. Translucide, fine et souple, elle est située tout près des tissus nerveux et parcourue par de nombreux vaisseaux sanguins, grâce auxquels elle joue un rôle nourricier.

L'anatomie du cerveau

Le cerveau est formé :
• du télencéphale, qui correspond aux deux hémisphères cérébraux et aux deux bulbes olfactifs ;
• du diencéphale, qui correspond aux noyaux de la base du cerveau, dont le thalamus et l'hypothalamus.

Les deux hémisphères cérébraux

Les deux hémisphères cérébraux sont séparés par une scissure interhémisphérique et soudés à leur base par des commissures, composées de fibres de substances blanches. Chaque hémisphère est ainsi composé des mêmes lobes reliés par des commissures :
• le lobe frontal, à l'avant ;
• le lobe occipital, à l'arrière ;
• le lobe temporal, sur les côtés, partie basse ;
• le lobe pariétal, sur les côtés, partie haute.

Les principales scissures délimitant les lobes sont :
- la scissure de Sylvius, séparant le lobe temporal du lobe frontal et en partie du lobe pariétal ;
- la scissure de Rolando, séparant le lobe frontal et le lobe pariétal ;
- la scissure perpendiculaire externe, isolant le lobe occipital.

D'autres sillons plus mineurs séparent encore les circonvolutions.

Sur la face interne, ou médiane, du cerveau, se trouvent :
- le cingulum, ou gyrus cingulaire, circonvolution du corps calleux ;
- la scissure calcarine ;
- le corps calleux et la commissure blanche antérieure, fibres rattachant les deux hémisphères ;
- le troisième ventricule ;
- la commissure grise, paroi très fine du tissu diencéphalique ;
- l'aqueduc de Sylvius ;
- le septum lucidum ;
- les trous de monroe.

La substance blanche y est composée :
- de commissures interhémisphériques, comme le corps calleux et la commissure blanche antérieure ;
- de fibres intrahémisphériques courtes et longues, traversant un même hémisphère ;
- de fibres interhémisphériques, assurant la communication entre les deux hémisphères ;
- de fibres de projection, passant par le tronc cérébral.

En coupe horizontale, on distingue la commissure hippocampique et le trigone, réseau de fibres reliant d'une part les corps mamillaires à l'hippocampe et l'amygdale, d'autre part.

Les noyaux caudés et du diencéphale

L'anatomie du cerveau laisse également apparaître des noyaux particuliers, appelés les noyaux gris. Ils sont de deux types : les noyaux de la base et les noyaux du diencéphale.

Les noyaux de la base comprennent :
- les noyaux caudés ;
- les noyaux lenticulaires, formés des deux sous-noyaux que sont le putamen et le pallidum ;
- les amygdales.

Les noyaux du diencéphale comprennent des organes tels que :
• le thalamus, qui encadre le troisième ventricule et assure un rôle de relais pour toutes les voies sensorielles de la périphérie au cortex, sauf l'olfaction. Il gère l'intégration des informations motrices, constitue un centre de la vigilance, et joue un rôle dans les processus affectifs (connexions du système limbique et de l'hypothalamus vers le cortex). Il est composé d'une douzaine de noyaux, séparés par une lame médullaire interne ;
• l'hypothalamus, constitué de noyaux symétriques, séparés par l'avant du troisième ventricule. Certains de ses noyaux sont en relation avec une glande : l'hypophyse. L'hypothalamus possède deux types de neurones : des neurones et des cellules neurosecrétrices, capables de secréter des hormones (ces cellules neurosecrétrices sont de deux ordres : magnocellulaires et parvocellulaires). L'hypothalamus est l'un des plus importants centres de contrôle du SNV et du système endocrinien. Il assure le maintien de l'homéostasie, par voie nerveuse et hormonale. Il a également une fonction reproductrice en libérant certaines hormones sexuelles ;
• le système limbique, « cerveau primitif », premier dans l'évolution phylogénétique. Il est impliqué dans la régulation des comportements émotionnels et dans l'apprentissage. On y distingue des structures limbiques et des structures paralimbiques. Les structures limbiques sont composées de l'hippocampe, des noyaux du septum, de l'amygdale, des corps mamillaires, du trigone et de la strie terminale. Les structures paralimbiques comportent l'insula, l'aire septale et le cingulum. Le système limbique joue un rôle dans l'élaboration des émotions, la fixation des souvenirs à long terme et l'acquisition de certains comportements ;
• le cortex cérébral. Il existe un archicortex (hippocampe, etc.) et un paléocortex (cortex olfactif, etc.) communs à tous les vertébrés, ainsi qu'un néocortex présent seulement chez les mammifères, du fait de la migration des cellules vers les extrémités, responsable de la corticalisation. Le cortex comporte diverses aires corticales correspondant à une variation de l'épaisseur des couches de cellules. Dans l'archicortex et le paléocortex, les cellules ont trois couches (on parle d'allocortex), alors que dans le néocortex, elles en ont six (on parle d'isocortex).

Les aires corticales

Les aires corticales sont souvent délimitées par des sillons ou des scissures, et sont de trois types :
• les aires primaires reçoivent l'information d'un relais et l'encode ou la décode (traitement moteur et sensoriel) ;
• les aires secondaires ont une fonction d'intégration, en regroupant les stimulations et leur donnant une signification (traitement des perceptions) ;

• les aires tertiaires ont plus de spécificité fonctionnelle. Ce sont des aires associatives multimodales, opérant une symbolisation et permettant un accès à la pensée conceptuelle.

La situation de ces aires en terme d'hémisphère dépend de la latéralisation du sujet, c'est-à-dire si celui-ci est droitier ou gaucher. Les quelques aires présentées ci-dessous concernent les individus droitiers pour leur localisation.

Le langage

Dans le domaine du langage (distinct de la parole), certaines aires de l'hémisphére cérébral (HC) gauche servent au codage et au décodage, ainsi qu'à la manipulation de symboles abstraits. C'est l'HC gauche qui gère la compréhension et la production du langage. D'autres aires de l'HC droit sont impliquées dans une analyse plus globale, comprenant par exemple l'intonation et le contenu émotionnel.

Pour ce qui concerne le langage écrit, c'est-à-dire la lecture et l'écriture, certains centres ont été également identifiés. Dans le cas de la lecture, la circonvolution ou gyrus angulaire est associée à la détection de groupes de lettres et l'aire visuelle associative (située derrière l'aire de Wernicke) intervient aussi dans l'activité du lecteur. L'écriture ne semble pas posséder de vrai centre spécialisé.

Dans le domaine de la parole, les aires principalement impliquées sont :
• l'aire de Broca, située sur le lobe frontal et régulant les commandes motrices pour articuler les mots ;
• l'aire de Wernicke, située sur la partie supérieure et arrière du lobe temporal, assurant l'étiquetage sons-mots et l'accès à leur signification.

Des lésions ou dysfonctionnements de ces aires peuvent être responsables de différentes pathologies. Les dyslexies sont des troubles d'apprentissage du langage touchant surtout l'écriture et la lecture, et entraînant des inversions de consonnes et des erreurs d'interprétation de l'orientation spatiale des lettres (trouble touchant davantage les hommes et les gauchers).

Les aphasies sont des perturbations du langage dues à des lésions de l'aire du langage. Une lésion dans l'aire de Broca est ainsi susceptible d'entraîner une aphasie de Broca (baisse du débit élocutoire, perte de mots, langage très stéréotypé), tandis qu'une lésion affectant l'aire de Wernicke pourra induire une aphasie de Wernicke (troubles de la compréhension et de l'élocution, grand trouble de la communication mal-

gré un débit élevé). D'autres types d'aphasies existent, tels que :
- l'anosognosie, incompréhension face au langage et ignorance du trouble ;
- l'alexie, troubles de la lecture ;
- l'aphasie de conduction, trouble de la répétition des mots entendus, consécutive à une lésion de la circonvolution angulaire.

La vision

15 % du cortex humain est dévolu à la vision. Celle-ci s'effectue à travers la rétine (origine nerveuse, extension du diencéphale), la cornée et le cristallin (responsables de la concentration et de l'inversion de l'image). La rétine est tapissée de cellules réceptrices, cônes et bâtonnets avec pigments photosensibles, câblées à des cellules bipolaires puis multipolaires, dont les fibres forment le nerf optique.

Les cônes sont surtout au centre de la rétine (fovéa) et permettent une vision des couleurs. Ces cellules ont une bonne acuité visuelle, mais une faible sensibilité qui leur rend nécessaire une forte luminosité.

Les bâtonnets assurent un regroupement de l'information. Leur acuité visuelle est plus faible que celle des cônes, d'où la nécessité d'orientation du regard. Mais ils possèdent une forte sensibilité en périphérie, qui leur permet une vision crépusculaire ou nocturne.

Les voies visuelles subissent une décussation partielle dans le chiasma optique : une partie du champ visuel sera traitée par un HC. La voie rétino-tectale, allant de la rétine au tectum, sert au contrôle réflexe de la vision (adaptation de la vue, protection de l'œil) et la voie rétino-géniculo-striée dessert le cortex visuel primaire (rétine – corps genouillé latéral – cortex strié).

Il y a rétinotopie : chacune des fibres arrivant dans le cortex correspond à des parties précises de la rétine. Par suite de la décussation, l'hémichamp visuel gauche est traité dans le cortex occipital droit.

Au niveau des réseaux corticaux, l'aire visuelle primaire numéro 17 décode les informations et les projette dans différentes aires associatives. Dans le lobe inféro-temporal, l'HC gauche classe les objets selon leur similitude de forme et l'HC droit classe les objets selon leur fonction.

Différentes pathologies de la vision existent, parmi lesquelles la cécité corticale, consécutive à une lésion de l'aire visuelle primaire 17, dans laquelle l'individu souffrant se dit aveugle, mais pointe une lumière si cela lui est demandé. De nombreux troubles de la vision des couleurs existent également :

• l'achromatopsie. L'individu ne voit plus les couleurs, mais sait encore ce que c'est ;

• l'anomie des couleurs. L'individu les reconnaît, mais se trompe en les nommant ;

• l'agnosie des couleurs, incapacité à nommer de mémoire une couleur évidente (sang = rouge) et perte du concept même des couleurs. Certaines agnosies sont plus graves, telles que l'agnosie d'objets (objets non identifiés, confondus) ou la prosopagnosie (visages, mêmes familiers, non reconnus, même son propre visage). Les agnosies ont pour origine une lésion des lobes temporaux.

Les atteintes du lobe pariétal sont également susceptibles de provoquer des troubles visuo-spatiaux. Le syndrome de Balint se manifeste ainsi essentiellement à travers une fixité (difficulté à changer l'orientation du regard), une apraxie (la cible à atteindre est dépassée) et des problèmes de coordination visuo-motrice. L'autotopoagnosie consiste, elle, en un trouble de l'identification des parties de son propre corps, entraînant des confusions et parfois l'impression d'être désarticulé.

L'anatomie du tronc cérébral

Le tronc cérébral étend ses formations sur trois vésicules : le myélencéphale, le métencéphale et le mésencéphale.

Morphologie

Le tronc cérébral est un amas de substance grise organisée en colonnes et en noyaux. Il est composé :

• du bulbe rachidien, correspondant au myélencéphale et situé dans sa partie antérieure. Sur la face ventrale, se trouvent les pyramides bulbaires et les olives bulbaires. Sur la face dorsale, se trouvent les faisceaux de Burdach et de Goll, ainsi que la membrane recouvrant le quatrième ventricule ;

• de la protubérance annulaire, correspondant au métencéphale et située dans la partie médiane. Sur la face ventrale, on observe la protubérance et l'émergence d'une paire de nerfs crâniens. Sur la face dorsale, se trouve la membrane du quatrième ventricule ;

• des pédoncules cérébelleux, correspondant au mésencéphale et situés dans la partie supérieure. Ils constituent la zone d'attaches avec le cerveau, avec en partie ventrale des formations rejoignant le diencéphale : la tige pituitaire (attache de l'hypophyse), l'hypothalamus, les tubercu-

les mamillaires, le chiasma optique, ainsi que le départ d'une paire de nerfs crâniens. Sur la face dorsale, se trouvent le colliculus, formé des tubercules quadrijumeaux, et l'émergence de nerfs crâniens ;
• les nerfs crâniens, au nombre de douze paires dont dix partent du tronc cérébral et deux du cerveau. Ceux-ci sont sensitifs, moteurs ou mixtes.

Principales fonctions

Le tronc cérébral est un lieu de modulation de la motricité, de la vigilance et des fonctions végétatives. Il est également un lieu de passage pour certaines voies.

L'anatomie du cervelet

Il est composé d'un archicervelet et d'un paléocervelet, assurant essentiellement l'équilibration et la proprioception. Ces deux structures sont communes à tous les vertébrés. Il est également composé du néocervelet, propre aux mammifères et impliqué dans les actes moteurs les plus volontaires, les moins automatisés.

Morphologie

En vue dorsale, on distingue en partie médiane :
• le vermis cérébelleux ;
• deux hémisphères cérébelleux, composés du lobe flocculo-nodulaire (lié à l'archicervelet), du lobe antérieur et de l'amygdale cérébelleuse (liés au paléocervelet), du lobe ansiforme, ou lobe postérieur (lié au néocervelet).

En coupe sagittale médiane, se trouve le cortex, formé de replis profonds et d'autres moins profonds le long de ces replis. En coupe horizontale, on distingue trois paires de noyaux :
• les noyaux du faîte, liés à l'archicervelet ;
• les noyaux interposés, liés au paléocervelet ;
• les noyaux dentelés, liés au néocervelet.

Principales fonctions

Elles dépendent des structures plus ou moins évoluées du cervelet. L'archicervelet assure une fonction d'équilibration et d'orientation, à travers le contrôle de muscles oculomoteurs et de certains muscles extenseurs. Le paléocervelet est responsable de la proprioception et le néocervelet, des mouvements volontaires.

L'anatomie de la moelle épinière

Enserrée entre les vertèbres cervicales, la moelle épinière est composée des trois méninges étagées à partir de la paroi de l'os (dure mère, arachnoïde, pie mère) et d'un amas de substance grise entourée de substance blanche, lieux de passage de nombreux réseaux de fibres. Quatre grands types de voies ont leur passage par la moelle épinière : les voies ascendantes, les voies descendantes, les voies pyramidales et les voies extrapyramidales.

Les voies ascendantes sont composées des voies extéroceptives, responsables de la transmission des messages concernant la sensibilité tactile épicritique (discriminative) et la sensibilité tactile protopathique (plus grossière), appartenant au système lemniscal (ces fibres passent toujours par le lemnisque médian). Par ces mêmes voies extéroceptives passent les voies de la transmission de la sensibilité thermo-algésique (sensibilité à la chaleur et à la douleur). Les voies ascendantes sont également composées des voies proprioceptives, dont les fibres se subdivisent selon qu'elles concernent la sensibilité proprioceptive consciente, ou la sensibilité proprioceptive non consciente.

Les voies descendantes assurent la motricité somatique (muscles striés) à travers le système pyramidal, concernant les voies de la motricité volontaire (associées aux mouvements les moins automatisés) et le système extra-pyramidal, concernant celles de la motricité non volontaire (telle la motricité viscérale).

2. Les principaux neuromédiateurs

Les synapses

Le fonctionnement d'une synapse

Une synapse est la jonction de deux neurones. Entre deux neurones, la transmission des signaux nerveux se fait au niveau de la synapse, du neurone dit présynaptique au neurone post-synaptique. Des neurotransmetteurs, ou neuromédiateurs, sont libérés dans la fente synaptique par l'élément présynaptique et vont se fixer sur des récepteurs de l'élément post-synaptique. Il arrive que les neuromédiateurs se fixent sur l'élément présynaptique pour réguler leur propre sécrétion par effet rétroactif.

Tous les neuromédiateurs ne se fixent pas sur des récepteurs. Certains sont dégradés par une enzyme, pour que leur matière première soit recyclée, et d'autres peuvent être recapturés et stockés à nouveau dans l'élément présynaptique. Il existe également un processus de diffusion des neuromédiateurs dans la fente synaptique, qui permet à certains d'entre eux de sortir de leur voie normale et d'aller influencer d'autres structures.

Selon la nature du message nerveux, la fixation des neuromédiateurs a une action excitatrice ou inhibitrice. On parle alors de la production d'un potentiel post-synaptique excitateur (PPSE) ou de la production d'un potentiel post-synaptique inhibiteur (PPSI).

Deux grands types de récepteurs

Le récepteur canal

L'arrivée de la molécule sur son récepteur provoque l'ouverture d'un canal, qui induit un mouvement d'ions (K+, Na+ ou Cl-). Selon la nature du canal ainsi ouvert, on obtient une action excitatrice ou inhibitrice, à travers la production d'un PPSE ou d'un PPSI.

Le récepteur métabotropique

Il est lié à l'action d'un second messager. Lorsque le neuromédiateur se fixe sur son récepteur, il provoque la libération d'une molécule dans l'élément post-synaptique : cette molécule est le second messager, couplé au récepteur, qui pourra déclencher l'ouverture de certains canaux. L'effet de ce récepteur est donc plus indirect que celui du récepteur canal.

Les neuromédiateurs

La transmission synaptique est en partie assurée par des neuromédiateurs synthétisés, stockés, puis libérés dans la fente synaptique. Ils se fixeront sur des récepteurs appropriés ou seront détruits ou recapturés.

Pour la plupart des neuromédiateurs, à l'exception des neuropeptides, la synthèse est assurée dans le cytoplasme de la terminaison axonale de l'élément présynaptique et le stockage se fait dans des vésicules de cette même terminaison axonale.

L'acétylcholine : Ach

La synthèse de l'Ach a lieu dans la terminaison axonale de l'élément présynaptique, à partir de deux éléments précurseurs constituant une matière de base : la choline et l'acétylcoenzyme A. Une fois libérée dans la fente synaptique, l'Ach va se fixer sur deux types de récepteurs : les récepteurs muscariniques et les récepteurs nicotiniques. Elle produira des effets différents suivant la nature des récepteurs sur lesquels elle se fixe.

L'Ach est soumise au processus de dégradation dans la fente synaptique par une enzyme : l'Ach E (E signifie « estérase »). Les matières premières sont récupérées et l'on peut ainsi recycler l'Ach.

L'Ach se trouve dans le SNC, mais son rôle est mieux connu au niveau du SNV : au niveau du SNV orthosympathique, elle contribue à la mobilisation des ressources et prépare à l'action, tandis qu'au niveau du SNV parasympathique, elle reconstitue et conserve les réserves, en intervenant notamment dans les phases de digestion.

Les monoamines

Elles contiennent les catécholamines, amines biogènes dérivées d'acides aminés. Ces catécholamines se répartissent en quatre molécules ayant toutes le même précurseur : la tyrosine. Ces quatre molécules distinctes sont l'adrénaline, la noradrénaline, la dopamine et la dopa.

L'adrénaline et la noradrénaline (NA)

Les récepteurs de l'adrénaline et de la noradrénaline sont appelés récepteurs α et récepteurs β. La dégradation de ces molécules se fait par le mécanisme de la recapture : il y a récupération de la molécule par l'élément présynaptique. Cette recapture entraîne soit un recyclage immédiat, soit la dégradation par une enzyme, la MAO (monoamine-oxydase), recyclant les matières premières des molécules. Une autre enzyme, la COMT, est également susceptible de la dégrader.

Le SNV orthosympathique utilise la noradrénaline et l'adrénaline comme neuromédiateurs.

La dopamine (DA)

La dopamine est synthétisée à partir de la tyrosine : la tyrosine hydroxylase la transforme en Dopa et elle est donc le facteur limitant la synthèse de la dopamine. La dopamine possède cinq types de récepteurs, dont certains sont des autorécepteurs lui permettant de réguler sa sécrétion. Son inactivation est du même ordre que celle de la noradrénaline : recapture (80 % des cas) et dégradation par MAO ou COMT. La dopamine est également susceptible de se diffuser dans tout l'environnement du neurone, allant influencer d'autres systèmes. Elle intervient dans la régulation des mouvements volontaires et des états émotionnels, particulièrement à travers le système de récompense. Elle joue ainsi un rôle dans certaines maladies mentales (schizophrénie) ou neurologiques (Parkinson).

La sérotonine est une monoamine, mais pas une catécholamine. Elle est synthétisée à partir du tryptophane. La sérotonine (5 HT) est obtenue par transformation du tryptophane en 5 HTP par la tryptophane hydroxylase (facteur limitant de la sécrétion), puis par transformation du 5 HTP en 5 HT par une décarboxylase. Elle est dégradée par la MAO et se fixe sur différents récepteurs (de 5HT1 à 5HT7), chacun étant subdivisé en deux sous-classes A et B. La sérotonine s'autorégule en se fixant sur le récepteur 5HT1A. La sérotonine intervient dans de nombreux domaines, dont la régulation des états de veille et de sommeil, l'appétit, la prise alimentaire, le rythme cardiaque, le contrôle de la douleur (la nociception), le comportement sexuel, l'attention et la mémoire. Elle joue ainsi un rôle dans certaines maladies mentales (dépression) et dans les céphalées.

Les acides aminés

Certains acides aminés servent, sans transformations, de neuromédiateurs, et sont très répandus dans le SNC. Parmi eux se trouve le glutamate (et l'aspartate), qui constitue un neuromédiateur toujours excitateur, alors que pour la plupart des neuromédiateurs, l'effet dépend aussi du récepteur.

Parmi ces acides aminés se trouve également le Gaba (et la glycine), qui constitue un neuromédiateur toujours inhibiteur. Le Gaba correspond à la dénomination « acide amino-butyrique ». Il est dégradé par une enzyme, la Gaba T.

Les neuropeptides

Ce sont de petites protéines formées d'enchaînements d'acides aminés. En général, quand il y a un neuropeptide dans une terminaison axonale, il y a un deuxième neuromédiateur. Contrairement aux autres neuromédiateurs, ils sont synthétisés dans le soma, formant une grosse molécule fabriquée à partir de précurseurs et découpée pour être transportée du soma vers la terminaison axonale. On en trouve beaucoup dans le système limbique, où ils ont des effets contre la douleur et dans la régulation des émotions.

De diverses sortes, les neuropeptides peuvent notamment être des hormones, tout particulièrement dans l'hypothalamus, réparties en deux sous-familles : les enképhalines et les endorphines.

C'est à partir des transmissions des neuromédiateurs que la plupart des médicaments psychotropes agissent : le chapitre 3 livre donc quelques éléments de psychopharmacologie.

3. La psychopharmacologie

Ce cours de L3 vise à vous donner une connaissance du fonctionnement des médicaments psychotropes sur le système nerveux. Ainsi, vous découvrirez les différents types de psychotropes existants et comprendrez comment ils agissent sur les diverses maladies mentales.

Un psychotrope est une substance chimique influant sur l'activité mentale et le comportement. Il s'agit donc d'une drogue, dans le sens ou les psychotropes perturbent le mécanisme physiologique : toutefois, c'est une drogue ayant un effet de médicament, puisqu'ils sont employés à des fins thérapeutiques.

Historique

Au XIXe siècle, on tente d'extraire le principe actif contenu dans les plantes. Ainsi, la morphine, la caféine, la cocaïne sont isolées. Apparaissent ensuite les premiers médicaments synthétisés chimiquement, comme le bromure de potassium (un hypnotique) ou les barbituriques (gardénal ou barbital, etc.).

Dès 1928, Lewin propose une classification, qui a encore son sens aujourd'hui :

- euphorica, les calmants comme l'opium, la morphine, etc. ;
- phantastica, les hallucinants comme le chanvre indien et la mescaline ;
- inebrantia, les enivrants comme l'alcool et l'éther, lesquels pris à de fortes doses induisent le sommeil ;
- hypnotica, les somnifères comme le bromure de potassium et les barbituriques, notamment utilisés pour les opérations chirurgicales ;
- existancia, les excitants comme le thé, le café et le tabac.

Cependant, à l'époque, les possibilités thérapeutiques sont encore pauvres et seuls les barbituriques calment les malades. Dans les hôpitaux, on recourt à des méthodes de choc à la fois biologiques, physiques et chimiques.

Dans les années 50, la psychopharmacologie moderne voit le jour. En 1952, Delay et Deniker présentent la chlorpromazine, le premier neuroleptique. Il sera commercialisé sous le nom de « Largactil » et révolutionnera la thérapeutique psychiatrique. Les neuroleptiques ont pour but de soulager les patients psychotiques et agités. Ainsi, l'ambiance des hôpitaux psychiatriques change et les patients sont plus calmes. On appellera ces psychotropes « les camisoles chimiques ». Toutefois, même s'ils stabilisent les malades, les neuroleptiques ne guérissent pas.

En 1957, apparaît le premier antidépresseur, un tricyclique appelé l'imipramine. En le testant, on observe une hausse de l'humeur et une baisse des idées suicidaires.

En 1958, c'est la découverte de la première benzodiazépine, un produit anxiolytique.

Delay et Denicker présentent une classification des psychotropes en trois grandes classes :
• les psycholeptiques, qui ralentissent l'activité psychique et baissent le tonus mental. Ils sont subdivisés en trois grands types :
- les hypnotiques ;
- les anxiolytiques ;
- les neuroleptiques.
• les psychoranalytiques, qui stimulent l'activité psychique. Ils sont subdivisés en trois grands types :
- les antidépresseurs (thymoanaleptiques) ;
- les stimulants de la vigilance (amphétamine) ;
- les autres stimulants (vitamine C, etc.).
• les psychodysleptiques, qui dévient et perturbent l'activité mentale. Ils sont subdivisés en trois grands types :
- les hallucinogènes ;
- les stupéfiants ;
- les alcools et dérivés.

La catégorisation des psychotropes

Tableau récapitulatif des psychotropes

Types d'action		Famille
Psycholeptiques ou sédatifs	Hypnotiques	• Barbituriques
	Anxiolytiques	• Benzodiazépines • Autres
	Neuroleptiques	• Différentes familles
	Régulateurs de l'humeur	• Sels de lithium
Psychoanaleptiques ou stimulants	Antidépresseurs	• IMAO • Tricycliques • IRS
	Psycho stimulants	• Amphétamines • Cocaïne
	Autres stimulants	• Caféine • Théophylline • Nicotine • Autres
Psychodysleptiques ou perturbateurs	Hallucinogènes	• LSD • Mescaline • Autres
	Stupéfiants	• Opium et dérives • Cannabinols • Autres
	Enivrants	• Alcool • Ether • Colles et solvants

Quelques médicaments psychotropes

Les antidépresseurs

Il en existe plusieurs sortes, selon la famille chimique à laquelle ils appartiennent et selon leur effet. On peut en retenir quelques-uns, dont voici une liste non exhaustive.

Les antidépresseurs psychotoniques, qui redonnent de l'énergie

- Humoryl
- Marsilid
- Survector
- Vivalan
- Pertrofan

Les antidépresseurs intermédiaires

- Tofranil
- Anafranil
- Prozac
- Stablon

Les antidépresseurs anxiolytiques

- Laroxyl
- Athymil
- Surmontil
- Sinequan

Les neuroleptiques

- Largactil
- Haldol
- Dogmatil
- Solian
- Loxapac
- Leponex

4. Eléments de génétique

La cellule animale et son matériel génétique

La totalité du matériel génétique de la cellule se trouve dans son noyau, à l'abri d'une membrane nucléaire. Baignant dans le nucléoplasme, se trouvent les nucléoles et la chromatine, contenant l'ADN et des protéines. La cellule exécutera le programme contenu dans son noyau.

ADN : acide désoxyribonucléique composé de deux brins de polynucléotides associés par la règle de complémentarité entre les bases azotées. Les gènes sont des séquences d'ADN.

Allèles : gènes situés au même endroit sur chacun des deux chromosomes homologues et déterminant un même caractère phénotypique. Plus précisément, gènes déterminant des expressions différentes (par exemple cheveux foncés ou cheveux clairs) d'un même caractère phénotypique (par exemple la couleur des cheveux).

ARN : acide ribonucléique composé d'un brin de polynucléotides. Les ARN servent d'intermédiaires entre l'ADN, situé dans le noyau, et les protéines, fabriquées en majorité dans le cytoplasme.

Cariotype : ensemble de chromosomes contenus dans une cellule.

Gamètes : cellule reproductrice à *n* ADN transmise lors de la reproduction sexuée.

Gène : séquence d'ADN participant au codage d'une protéine ou d'ARN spécifiques.

Génome : ensemble des gènes situés dans le noyau d'une cellule.

Génotype : gènes responsables du ou des caractères phénotypiques considérés.

Phénotype ou caractère phénotypique : caractéristiques physiques, physiologiques ou comportementales d'un organisme, résultant de l'activité des gènes et de l'influence du milieu.

Les mécanismes de la transmission génétique

Il y a deux grandes formes de division cellulaire : la mitose et la méiose.

La mitose

Définition

C'est le mode de division cellulaire qui conduit à la formation de cellules ayant des molécules d'ADN identiques en structure et en nombre à celles de la cellule mère. Les cellules filles issues d'une mitose ont donc, entre elles aussi, des molécules d'ADN identiques en structure et en nombre. La mitose est un phénomène continu, qui dure de 30 à 180 minutes selon les cellules.

Les quatre étapes principales de la mitose

La prophase

C'est la phase la plus longue (de 15 à 60 minutes), comprenant la condensation de la chromatine (formant des chromosomes clivés en deux filaments, appelés des chromatides, et regroupés autour du centromère), la disparition de l'enveloppe du noyau et l'apparition d'un fuseau de fibres entre deux pôles de la cellule.

La métaphase

C'est une phase de courte durée (quelques minutes), caractérisée par le regroupement des centromères dans le plan équatorial du fuseau de fibres. L'ensemble des chromosomes clivés ainsi rangés est appelé la plaque équatoriale. Des fibres naissant au voisinage du centromère rattachent chaque chromosome aux deux pôles du fuseau : ce sont les fibres chromosomiales.

L'anaphase

C'est une phase très rapide (de deux à trois minutes) au cours de laquelle chaque centromère se divise en deux : chaque partie solidaire d'un chromatide s'écarte vers les pôles, sous l'action de la réduction des fibres chromosomiales. On assiste ainsi à une migration en sens opposé de deux lots de chromosomes strictement identiques.

La télophase

D'une durée comparable à celle de la prophase, elle se caractérise par la formation d'un noyau au niveau de chacun des deux lots de chromosomes.

La division de la cellule est terminée. Le cytoplasme se divisera lui aussi en pratiquant un simple étranglement. Les deux cellules filles ainsi obtenues à partir de la cellule mère entrent alors en interphase.

La méiose

Définition

C'est le mode de division cellulaire qui conduit à la formation des cellules reproductrices, ayant un stock de molécules d'ADN réduit de moitié. Dès lors, la cellule mère a $2n$ ADN (diploïdie), tandis que les cellules filles n'ont plus que n ADN (haploïdie).

La méiose est un ensemble de deux divisions cellulaires successives qui, à partir d'une cellule diploïde, donne naissance à quatre cellules haploïdes. Elle se déroule chez l'homme et les animaux pendant la formation des gamètes.

Les deux divisions méiotiques

La première division méiotique

Elle recouvre les quatre phases décrites dans la mitose, mais avec des modifications importantes intervenant durant la prophase et l'anaphase.
En prophase, les chromosomes homologues se rapprochent et s'accolent sur toute leur longueur, formant des paires de chromosomes ou bivalents. Un bivalent comporte dès lors quatre chromatides : on parle d'un tétrade de chromatides. Des échanges (*crossing-over*) peuvent alors se produire entre deux chromosomes appariés, qui s'effectueront au niveau du chiasma.
En anaphase, les deux chromosomes homologues de chaque paire se disjoignent, sans division des centromères, et s'éloignent l'un de l'autre pour se retrouver chacun dans une cellule fille différente. Chaque cellule ne reçoit donc que l'un ou l'autre des deux chromosomes, et contient n chromosomes différents : elle est dite haploïde.
La métaphase et la télophase sont pratiquement identiques à celles observées dans la mitose.

La deuxième division méiotique

Elle assure simplement la séparation des deux chromatides de chaque chromosome, afin que chaque cellule fille reçoive une chromatide de chaque chromosome, soit *n* chromatides.

Les lois de Mendel

Ces lois concernent la transmission des caractères phénotypiques et ont été découvertes en 1865 chez les végétaux par Mendel, qui travaillait à partir de différentes variétés de pois.

Parmi un groupe de 34 variétés de pois, Mendel en choisit 22 pour faire sept croisements monohybrides, c'est-à-dire entre variétés ne différant que par les alternatives d'un caractère.

La première loi, dite loi de ségrégation, peut être formulée ainsi : les deux unités qui forment une paire de facteurs à l'état homozygote ou hétérozygote se séparent lors de la formation des gamètes, de sorte que tout gamète (mâle ou femelle) ne contient qu'une seule des deux unités qui forment une paire de facteurs.

La deuxième loi découle de la première et est appelée loi de disjonction, indépendante des différentes paires de facteurs. Elle stipule que les deux paires de facteurs doivent avoir été indépendantes l'une de l'autre au moment de leur ségrégation ou de leur disjonction. Cette indépendance assure en effet le jeu du hasard au moment de la formation des gamètes et permet aux deux unités d'une paire de s'associer aussi fréquemment avec l'une qu'avec l'autre des deux unités de l'autre paire.

5. La reproduction

La formation des cellules reproductrices

La formation des gamètes mâles

Le gamète mâle est appelé spermatozoïde. La production des spermatozoïdes se déroule de façon continue à l'intérieur des tubes séminifères du testicule. Cette production commence à la puberté et s'achève à la fin de la vie.

On distingue trois étapes dans la spermatogenèse :
• la multiplication des spermatogonies par mitoses ;
• la méiose, qui se déroule sans pause et produit quatre spermatides ;
• la différenciation des spermatides en spermatozoïdes, dernière étape appelée spermiogenèse.

La formation des gamètes femelles

Le gamète femelle est communément appelé ovule (on l'appelle ovocyte au moment de l'ovulation et ovotide au moment de la fécondation). Produit par les ovaires, il obéit au cycle ovarien. Il y a plusieurs stades dans l'ovogenèse, avant la libération d'un ovule mature :
• un stade de multiplication des ovogonies ayant lieu dans l'ovaire embryonnaire ;
• un stade d'augmentation de la taille des ovocytes (accumulation de réserves) ;
• un stade de maturation du noyau, ou méiose, qui est discontinue chez la femme (il commence au cours de la vie embryonnaire et s'achève, pour un gamète donné, au cours d'un cycle sexuel).

L'appareil génital de la femme possède un fonctionnement cyclique, débutant à la puberté et s'achevant à la ménopause, dont le début est marqué par la menstruation. Le cycle ovarien comprend trois phases :
• la phase folliculaire (de 12 à 17 jours), au cours de laquelle le follicule achève son évolution ;
• l'ovulation, qui correspond à la libération de l'ovocyte, futur gamète femelle ;
• la phase lutéale (de 13 à 14 jours après l'ovulation), caractérisée par la présence du corps jaune se formant après l'ovulation.

La fécondation

La migration des gamètes mâles et femelles

Lors de l'ovulation, l'ovocyte est recueilli dans le pavillon de la trompe ovarienne. Les spermatozoïdes introduits dans le vagin devront passer le col de l'utérus, puis remonter l'utérus et la trompe jusqu'à l'ovocyte. Beaucoup mourront avant de l'atteindre et leur progression dépendra de leur capacitation, processus par lequel les sécrétions des voies génitales les rendent aptes à la fécondation : la membrane plasmique des spermatozoïdes peut ainsi libérer des enzymes dégradant la membrane du gamète femelle pour leur permettre de le pénétrer.

La rencontre des gamètes et la caryogamie

Pour être fécondable, l'ovocyte doit avoir atteint un stade de maturation précis (entre 6 h et 24 h après l'ovulation) : le noyau doit être en métaphase de deuxième division méiotique. La fusion des gamètes mâles et femelles s'effectue après la pénétration d'un spermatozoïde dans l'ovule. Cette pénétration entraîne un réveil physiologique de l'ovule se traduisant par la formation d'une membrane de protection et l'achèvement de la maturation (achèvement de la méiose). La fusion des noyaux entraîne alors la mise en commun de *n* chromosomes d'origine paternelle et de *n* chromosomes d'origine maternelle.

L'embryogenèse

Une fois la fécondation opérée, l'œuf commence immédiatement à se diviser par mitoses en migrant dans la trompe. Il atteint quelques jours plus tard la cavité utérine. Une semaine après la fécondation, le tout jeune embryon, appelé blastocyste, commence sa nidation, implantation dans la muqueuse utérine, où la gestation pourra commencer.

Les cellules embryonnaires connaissent une intense multiplication et organisent progressivement :

- un organe d'échange avec le sang maternel, le trophoblaste, futur placenta, qui sera relié au fœtus par le cordon ombilical ;
- les cellules du bouton embryonnaire, se développant en plusieurs feuillets ;
- une membrane, l'amnios, entourant l'embryon qui baignera dans le liquide amniotique.

6. Méthodologie

L'étude de la biologie, et tout particulièrement de ses aspects anatomiques et physiologiques, est associée au travail de « planches » ou de schémas, décrivant les organes et leur fonctionnement. Une représentation visuelle de la cellule animale, des aires du cortex cérébral, ou encore d'une fente synaptique, vous sera ainsi indispensable pour comprendre des descriptions restant très abstraites sans cela.

Les enseignements de biologie se font à l'appui d'un polycopié contenant généralement le plan du cours, les planches illustratives des différents éléments décrits et une bibliographie détaillée reprenant les domaines abordés. Vous devez absolument travailler à partir de ces polycopiés ! Annotez-les et reproduisez-les, afin de vous les approprier et d'en posséder une représentation aussi claire que possible.

Il n'est pas rare que l'examen comporte un schéma ou une planche anatomique à compléter. Vous pouvez par exemple être confronté à une représentation latérale du cortex cérébral, sur laquelle on vous demande d'indiquer les aires responsables de la production du langage, puis d'indiquer les pathologies résultant de leur lésion.

L'examen sera généralement constitué de petites questions amenant des réponses courtes, le plus souvent à fournir directement sur le polycopié d'examen. Une bonne stratégie consiste à répondre d'abord à toutes les questions qui vous sont aisées ou familières, puis à revenir ensuite à celles qui vous posent des difficultés. Le fait de commencer ainsi à écrire sur des points de connaissance acquis vous donne de l'assurance (entrer dans un examen n'est jamais facile) et vous permet de réactiver d'autres savoirs pouvant aider à la résolution des questions moins évidentes.

Puisez largement dans les bibliographies si certains aspects vous semblent encore imprécis : vous trouverez dans de nombreux manuels des définitions et des représentations schématiques venant compléter et enrichir l'information contenue dans le cours.

Afin de faciliter votre compréhension de ces différents éléments de biologie et de compléter certaines données au moyen de représentations schématiques ou de chapitres plus développés, vous trouverez dans le chapitre 3 de la partie intitulée « Annexes » quelques livres et manuels dont nous vous recommandons la consultation, à commencer par tous les manuels de biologie de première S et de terminale S (publiés notamment chez Nathan, Bordas, etc.).

PARTIE X

LES STATISTIQUES

1. Généralités

L'analyse statistique s'articule autour d'un recueil et d'un traitement de données. Ces données vont pouvoir être représentées par des symboles entrant dans des formules de calcul. Pour ne pas rester interdit devant une formule particulièrement obscure, il convient de bien saisir la signification de chaque signe ou symbole employé.

Le chercheur recueille des données à partir d'une population (généralement notée P) constituée d'éléments matériels ou humains (par exemple les HLM ou les foyers de deux enfants). Il précise les critères d'inclusion et d'exclusion, qui définissent l'appartenance à une telle population. Comme il est inutile, et bien souvent impossible, de recueillir les données nécessaires dans l'ensemble de la population, le chercheur établit un échantillon, sous-ensemble représentatif de la population concernée, à partir duquel s'effectuera l'investigation.

Chacune des caractéristiques étudiées sera appelée attribut, caractère, ou bien encore variable, dans la mesure où elle est susceptible de prendre différentes valeurs ou états. Dans ce cas, chacune de ces éventualités est appelée modalité.

Les échelles de mesure

Les échelles nominales

Dans ce type d'échelle, on ne trouve pas de structure mathématique reliant les modalités de l'échelle. Des observations, correspondant à des modalités différentes, y sont seulement déclarées différentes. On parle d'échelle nominale, d'échelle catégorielle, d'instrument à catégories amorphes ou à catégories discrètes.
Exemples : les catégories socio-économiques, la liste des départements de naissance, les réponses « oui », « non », « peut-être » données à un questionnaire, etc.

Les échelles ordinales

Dans ce type d'échelle, les modalités sont liées par une relation d'ordre. Des observations, correspondant à des modalités différentes, peuvent y être classées les unes par rapport aux autres.
Exemples : les classes d'âge, les classements scolaires, les catégories de revenus, etc.

Les échelles d'intervalles

Dans ce type d'échelle, les modalités sont séparées par des intervalles égaux. Ces échelles s'appliquent à toutes les données appelées numériques ou quantitatives.
Exemples : la taille, le poids, les notes scolaires, etc.

Quelques formules avec le signe Σ (sigma)

Il s'agit d'un opérateur que vous rencontrerez beaucoup en statistique. Voici quelques formules de calcul courantes :
- Σx, il faut additionner toutes les mesures recueillies sur la variable x ;
- Σx^2, il faut élever chaque mesure au carré et additionner ces carrés ;
- $(\Sigma x)^2$, il faut additionner toutes les mesures et élever le résultat au carré ;
- Σxy, pour chaque unité statistique, il faut multiplier la mesure faite sur x par la mesure faite sur y, puis additionner ces produits ;
- $\Sigma x \Sigma y$, il faut additionner toutes les mesures de la variable x, toutes celles de la variable y, puis faire le produit de ces deux résultats ;
- $\Sigma (x - a)^2$, a étant une constante, il faut calculer la différence (x – a) pour chaque mesure de x, élever au carré chaque différence obtenue, puis faire la somme de ces carrés.

La moyenne est la somme des observations divisée par le nombre des observations :

$$\mu = \frac{\Sigma \mathbf{x}}{\mathrm{N}}$$

La formule de la variance corrigée (Vc) est :

$$\sigma^2 = \frac{\Sigma x^2 - \frac{(\Sigma x)^2}{N}}{N-1}$$

La formule de l'écart type corrigé est :

$$\sigma = \sqrt{\frac{\Sigma x^2 - \frac{(\Sigma x)^2}{N}}{N-1}}$$

σ : racine carrée de la variance.

2. La distribution des effectifs et leur représentation

La distribution

Une fois les mesures prises et le relevé des données effectué, il faut réduire le nombre souvent important d'observations relatives à une même variable. Pour cela, on regroupe celles qui ont obtenu la même mesure. On va ainsi étudier la façon dont se répartissent ou se distribuent les observations, en fonction des diverses modalités possibles d'une variable.

Les représentations graphiques

Les observations recueillies pour chaque modalité d'une variable peuvent être présentées dans un tableau, mais une représentation graphique leur apporte souvent plus de clarté et d'attrait. On appelle ces graphiques des diagrammes : ils mettent en évidence les irrégularités ou les régularités d'une distribution.

Différents types de diagrammes sont employés en statistique, parmi lesquels :
• les diagrammes en étoiles. Sur une ligne horizontale sont reportées toutes les modalités possibles de la variable, ainsi que le nom de cette variable. Puis, en colonnes, on marque une étoile au-dessus d'une modalité pour chaque unité statistique lui appartenant. La hauteur des colonnes ainsi obtenues indique l'importance de la présence de telle ou telle modalité ;
• les diagrammes en bâtons. En plus de la ligne horizontale décrite dans les diagrammes en étoiles, on trace une ligne verticale indiquant les effectifs. A partir de la ligne horizontale, on trace ensuite au-dessus de chaque modalité un bâton vertical dont la hauteur correspond à l'effectif ;
• les histogrammes. On reproduit la procédure du tracé d'un diagramme en bâton, mais on « élargit » les bâtons. On obtient alors des « tuyaux d'orgue », dont la forme est rectangulaire. Ils ont tous la même largeur et c'est leur hauteur qui détermine l'importance de la modalité dans la distribution ;
• les polygones. Si la variable est au moins ordinale, on peut joindre les sommets d'étoiles, de bâtons, ou de rectangles, afin d'obtenir une ligne brisée. Cette présentation permet d'observer l'allure générale de la distribution ;
• les diagrammes à secteurs ou camemberts. On trace un cercle en considérant que la surface totale de ce cercle représente l'effectif total.

On découpe ensuite autant de secteurs circulaires qu'il y a de modalités prises par la variable, la surface de chaque secteur découpé devant être proportionnelle à l'effectif de la modalité. On utilise la valeur de l'angle pour tracer chaque secteur, sachant que l'effectif total correspond à 360 degrés.

Les représentations numériques

Au lieu de graphiques représentant les distributions d'effectifs, on remplace une série importante de mesures par quelques nombres les résumant. Il existe différents types d'indices pouvant apporter une telle concentration de l'information

Le nombre d'unités statistiques

On peut remplacer une série de mesures pour une même variable par une valeur unique, ou valeur « typique ». Cette valeur constitue un indice, l'indice le plus utilisé étant celui de position. La position s'exprime à partir du mode ou « dominante » : c'est la modalité la plus fréquente de la distribution, donc celle où se concentrent le plus d'informations. Sur un graphique, c'est la modalité la plus élevée. Si la distribution possède deux pics, on parlera de distribution bimodale, ou multimodale.

L'indice de position ou de centralité

Il se calcule également à partir de la médiane, modalité partageant l'ensemble des observations classées en deux moitiés d'effectifs égaux. Enfin, la position peut être indiquée à l'aide de la moyenne arithmétique, que l'on calcule en divisant la somme des observations par le nombre des observations.

L'indice de dispersion

La dispersion correspond à l'intervalle de variation et à l'indice de diversité. L'intervalle de variation marque l'étendue de la distribution, c'est-à-dire l'écart entre la plus grande et la plus petite des modalités observées. L'échelle utilisée doit être une échelle numérique.

L'indice de diversité est surtout utile en présence d'une échelle nominale. Il permet d'estimer la probabilité que deux observations prises au hasard dans les données appartiennent à deux modalités différentes.

La dispersion s'apprécie essentiellement à travers les quantiles, l'écart moyen, la variance, l'écart type et le coefficient de variation.

Les quantiles

Lorsqu'on découpe une distribution en quatre paquets égaux représentant chacun 25 % des observations, on détermine un quantile. Pour accéder à un plus haut niveau de précision, on peut découper un plus grand nombre de « paquets », correspondant chacun à 10 % des observations, les déciles, ou même à 1 % des observations, les centiles.

L'écart moyen

Pour le calculer, on prend en compte les écarts à la moyenne comme des distances, sans tenir compte de leur signe (positif ou négatif), afin d'éviter d'obtenir une variable nulle. On dit que l'on prend la valeur absolue de chaque écart. On calcule alors la moyenne de ces distances et l'on obtient l'écart moyen arithmétique.

La variance

Elle est également appelée carré moyen, car elle consiste à prendre non plus la valeur absolue des écarts à la moyenne, mais le carré de ces écarts. C'est l'indice de dispersion le plus souvent utilisé.

L'écart type

Il est également appelé écart quadratique moyen et correspond à la racine carrée de la variance.

Le coefficient de variation

Un écart type s'exprime dans la même unité que la variable. Si l'on veut supprimer cette unité, pour comparer par exemple la dispersion de deux distributions, on établit un coefficient de variation. Celui-ci s'obtient en divisant l'écart type par la moyenne arithmétique de la distribution. On exprime généralement le coefficient de variation en pourcentage.

Les formes d'une distribution

Les distributions symétriques et plates

On parle d'une distribution symétrique lorsque les observations sont également dispersées autour d'une valeur centrale jouant le rôle d'un axe de symétrie. Il existe des indices de symétrie, comme l'indice de Yule et l'indice de Pearson.

On parle d'une distribution plate lorsque les observations forment une droite parallèle à l'axe de mesure dans un polygone d'effectifs. Le nombre d'unités statistiques est alors le même pour toutes les modalités d'une variable. Cette distribution a trois caractéristiques :

- elle est parfaitement symétrique ;
- sa moyenne et sa médiane sont confondues ;
- il n'y existe pas de mode.

La loi normale

Quand N est grand (à partir de 100), les distributions tendent vers le modèle normal. La courbe de la loi normale, également appelée courbe de Gauss, suit une forme dite « en cloche ». La loi normale est symétrique par rapport à la moyenne, ce qui signifie que la majorité des sujets (s'il s'agit d'individus) sont concentrés autour de la moyenne. Cette distribution normale est parfaitement symétrique autour d'une valeur unique qui est à la fois le mode, la moyenne et la médiane.

La distribution normale centrée réduite présente toujours une moyenne égale à 0 et un écart type égal à 1. L'équation appliquée à ces paramètres permet de déterminer y, l'effectif, pour une valeur particulière de x : la modalité de la variable. On appelle généralement z l'axe de la mesure, au lieu de x. L'axe des z est ainsi égal à 100 % de l'effectif d'une population (c'est-à-dire une fréquence égale à 1). On peut calculer, en pourcentage de l'aire totale, l'aire comprise entre la courbe, l'axe des z et certaines valeurs de z.

Lorsqu'une distribution normale a pour moyenne 0 ($\bar{x} = 0$) et pour écart type 1 ($\sigma = 1$), retenez comme repères que :

- 68 % des observations sont comprises entre $z = -1$ et $z = +1$;
- 95,5 % des observations sont comprises entre $z = -2$ et $z = +2$;
- 99,7 % des observations sont comprises entre $z = -3$ et $z = +3$.

Toute distribution normale pouvant être ramenée à la loi centrée réduite, ces mêmes calculs peuvent être effectués ainsi :
si une distribution normale a pour paramètres $\bar{x}$ et σ, alors

- 68 % des observations sont comprises entre $\bar{x} - \sigma$ et $\bar{x} + \sigma$;
- 95,5 % des observations sont comprises entre $\bar{x} - 2\sigma$ et $\bar{x} + 2\sigma$;
- 99,7 % des observations sont comprises entre $\bar{x} - 3\sigma$ et $\bar{x} + 3\sigma$.

Le recodage et la transformation des données

Le recodage et la transformation des données ont pour but de supprimer ou de rectifier certaines observations. Cela permet par exemple de diminuer la précision de certaines mesures en effectuant des arrondis, de rendre comparables des distributions, ou de changer la forme d'une distribution.

La centration et la réduction

Ce procédé permet d'obtenir une distribution normale centrée réduite, ayant pour moyenne 0 et pour écart type 1.

La centration

Pour centrer une distribution sur 0, on prend pour constante la valeur de la moyenne arithmétique d'une distribution, que l'on soustrait de toutes les observations, la nouvelle variable correspondant alors aux écarts à la moyenne. Les observations transformées obtiennent ainsi un signe négatif lorsqu'elles sont inférieures à la moyenne et un signe positif lorsqu'elles lui sont supérieures. La moyenne de cette nouvelle distribution étant de fait égale à 0, on a centré la distribution sur 0.

La réduction

Selon la même opération que celle décrite pour la centration, si l'on choisit pour constante l'écart type d'une distribution, l'écart type de la nouvelle distribution est égal à 1.

La combinaison entre centration et réduction

Le plus souvent, on combine centration et réduction pour transformer une distribution. Les deux constantes sont alors la moyenne et l'écart type de la distribution et l'on calcule la note z en retirant à chaque valeur la moyenne arithmétique de la distribution, puis en divisant cette nouvelle valeur par l'écart type de la distribution. La note z correspond ainsi à la distance entre la note et la moyenne, exprimée en unité d'écart type :

$$z = \frac{x - \bar{x}}{\sigma}$$

La nouvelle distribution, distribution z, a pour moyenne 0 et pour écart type 1 : elle est dite centrée réduite.

La standardisation

Après la centration et la réduction, on obtient des notes négatives (toutes celles qui sont inférieures à la moyenne), qui peuvent générer des erreurs ou des bizarreries dans les calculs. Pour y remédier, on réalise une nouvelle transformation des notes z telle que la moyenne des z ne soit plus 0, mais par exemple 100 (ou une autre valeur entraînant la disparition des notes z négatives).

Pour éviter d'obtenir alors des notes décimales, on prendra également une nouvelle valeur pour l'écart type, par exemple 15.

On obtient ainsi des notes standard. Soit a le nouvel écart type et b la nouvelle moyenne, le calcul d'une note standard revient à multiplier la note z par le nouvel écart type et à ajouter à la valeur obtenue celle de la nouvelle moyenne.

Calcul d'une note standard : $a \dfrac{x - \bar{x}}{\sigma} + b = az + b$.

L'étalonnage

Pour regrouper un effectif en classes, on peut préférer effectuer une répartition des observations recueillies. Il existe différents types d'étalonnages :

- l'étalonnage en quantiles, qui découpe la distribution en « paquets » égaux. On parle alors de quantilage et l'on obtient une distribution plate ;
- l'étalonnage en classes normalisées, permettant de créer des classes dont les effectifs suivent la loi normale, puis d'exprimer le pourcentage d'observations contenu dans chaque classe.

3. Les relations et les inférences statistiques

Les relations statistiques

Dans un grand nombre de cas, le chercheur ne s'intéresse pas à une seule variable, mais à plusieurs variables à la fois, et il s'emploie à démontrer les relations existant entre ces variables.

Lorsqu'une relation existe effectivement, on va déterminer sa force. La force d'un lien indique le gain d'information procuré : plus forte est la relation, plus faible est le risque de se tromper.

Une liaison peut être monotone ou non, un lien monotone impliquant que l'accroissement d'une variable entraîne l'accroissement (ou la décroissance) d'une autre variable. Elle peut également être linéaire ou non, une liaison étant dite linéaire lorsqu'elle conserve le même taux d'accroissement.

Enfin, dans le cas d'une liaison monotone, la direction de la liaison indiquera si cette liaison est positive (lorsqu'une variable croît, l'autre croît également) ou si elle est négative ou inverse (lorsqu'une variable croît, l'autre décroît). Si la relation n'est pas monotone, on déterminera dans quels intervalles elle est positive ou négative.

Les différents types de variables

Il existe différents types de variables, dont les relations vont pouvoir être précisées :
• les variables repérées, ou invoquées, prédéterminées de sorte que le chercheur n'a pas prise sur leurs caractéristiques, comme dans la variable « sexe », par exemple ;
• les variables manipulées, ou provoquées, directement introduites par le chercheur. Il pourra donc faire varier une variable à dessein, ou contrôler d'autres variables pour qu'elles n'interfèrent pas ;
• les variables indépendantes, correspondant à toutes les conditions initiales, qu'il s'agisse d'un caractère repéré, manipulé ou contrôlé ;
• les variables dépendantes, correspondant dès lors aux caractères étudiés, dépendants des variables indépendantes.

Les différents types de liaisons entre variables

La comparaison de groupes

La comparaison de groupes se caractérise par une liaison entre une variable mesurée sur une échelle nominale et une variable mesurée sur une échelle d'intervalles.

Il va s'agir d'observer les éventuelles différences apparaissant dans la distribution des observations recueillies sur la variable d'intervalle lorsqu'on passe d'une modalité à une autre de la variable nominale. Dans ce cas, on s'exprime davantage en termes de comparaison ou de différence entre groupes, plutôt qu'en termes de liaison ou de relation.

Les groupes peuvent être indépendants ou appareillés :
- un groupe est dit indépendant lorsque chaque unité statistique n'a fourni qu'une seule mesure pour une même variable ;
- un groupe est dit appareillé lorsque chaque unité statistique a fourni au moins deux mesures pour une même variable. On parle aussi de mesures répétées.

La corrélation et la régression linéaires

La corrélation et la régression linéaires se caractérisent par une liaison entre deux variables mesurées sur une échelle d'intervalles.

La corrélation sert à estimer l'association et la relation entre deux variables, dans le cas des variables mesurées sur des échelles d'intervalle. La corrélation entre des variables d'intervalle permet d'établir une relation linéaire entre ces deux variables. S'il n'y a pas de relation, il y a alors indépendance entre ces deux variables.

Lorsque deux variables mesurées sur des échelles numériques varient simultanément, on parle de covariation. Cette covariation est dite :
- monotone, si elle se fait toujours dans le même sens ;
- linéaire, si elle conserve un taux d'accroissement constant.

La régression linéaire correspond à la détermination de la valeur que peut prendre une unité statistique sur une variable, lorsqu'on connaît sa valeur sur une autre variable qui lui est liée. On calcule alors les coefficients des deux droites de régression : $x = ay + b$ et $y = a'x + b'$.

La covariance correspond à la covariation de la distribution combinée de deux variables et son signe indique la direction de la covariation : il est positif quand les deux variables varient dans le même sens et négatif si elles varient en sens inverse. Le calcul numérique d'une covariance est :

$$\text{cov}(x, y) = \frac{\Sigma (x-\overline{x})(y-\overline{y})}{N}$$

Mais il apparaît que la valeur absolue de la covariance est tributaire de l'échelle choisie pour chaque variable (si les résultats sont tous multipliés par 10, les écarts sont aussi multipliés par 10 et les produits par 100) et sa signification devient donc difficile à établir. On a alors recours au calcul du coefficient r de Bravais-Pearson :

$$r = \frac{\Sigma xy - \frac{\Sigma x \, \Sigma y}{N}}{\sqrt{\Sigma x^2 - \frac{(\Sigma x)^2}{N}} \sqrt{\Sigma y^2 - \frac{(\Sigma y)^2}{N}}}$$

Le tableau de contingence

Le tableau de contingence se caractérise par une liaison entre deux variables nominales dichotomiques.

Il s'agit d'un test d'hypothèse. Le chercheur doit formuler une hypothèse de relation, puis définir les variables dont il cherche à établir les relations. Après avoir créé des groupes indépendants, il pourra élaborer un tableau présentant le recueil des données. Dans le cas de groupes appareillés, les mêmes données peuvent donner lieu à deux questions différentes, donc deux mesures différentes, présentées sur deux tableaux ou un seul tableau aménagé.

Ce tableau peut constituer un simple report sous la forme d'une description des résultats obtenus, une présentation de ceux-ci sous la forme de pourcentages en lignes ou en colonnes, ou encore un calcul des écarts à l'indépendance, l'importance de l'écart traduisant l'importance de la relation. Dans ce dernier cas, il faut calculer l'effectif attendu, également appelé effectif théorique, et présenter un tableau des écarts bruts ou des écarts pondérés.

L'indice χ^2 (khi deux ou khi carré) permet d'exprimer un lien global entre deux variables. On élève les écarts bruts au carré avant de les pondérer, ce qui va avoir une influence directe sur le signe et la valeur des données travaillées. La formule de calcul du χ^2 est :

$$\chi^2 = \frac{\Sigma\,(\text{effectifs observés} - \text{effectifs attendus})^2}{\text{effectifs attendus}}$$

Les coefficients de Spearman et de Kendall

Les coefficients de Spearman et de Kendall se caractérisent par une liaison entre deux variables mesurées sur des échelles de classements.

Une variable mesurée sur une échelle de classement est une variable qui ordonne les unités statistiques. Le nombre de modalités possibles est ainsi égal au nombre d'unités statistiques. Il faut soigneusement définir les variables et unités statistiques et énoncer des hypothèses, les résultats pouvant ensuite être exposés sous forme de tableaux, de représentations graphiques, ou d'évaluations numériques.

Dans le cas d'une évaluation numérique, et lorsque les classements ne comportent pas d'*ex æquo*, on peut recourir au rho (r') de Spearman ou au tau de Kendall.

Le rho de Spearman est un mode de calcul plus rapide du coefficient r de Bravais-Pearson, désigné par la lettre r'. La valeur du coefficient ainsi trouvé a les mêmes caractéristiques que celles du r.

La formule de calcul du rho de Spearman est :

$$r' = 1 - \frac{6\Sigma d^2}{N(N^2-1)}$$

d : différence de rangs entre les deux variables pour chaque unité statistique.

Le tau de Kendall s'obtient différemment : on classe par ordre croissant les unités statistiques. On prend chaque unité statistique et l'on détermine combien d'unités ont un rang supérieur au sien et un rang inférieur au sien. On appelle S la différence entre le nombre de cas positifs et le nombre de cas négatifs, puis on détermine le nombre maximum de cas positifs par la formule $T = n(n-1)/2$.

On obtient cette formule générale :

$$\text{Tau} = \frac{\Sigma S}{T}$$

Les inférences statistiques

L'inférence statistique s'inscrit dans la recherche de liens et de relations entre variables, dans la mesure où elle va chercher à donner un caractère de vérité à des postulats, en s'appuyant sur les connaissances, les certitudes déjà disponibles. Plus simplement, elle permet de passer du connu à l'inconnu au moyen d'un raisonnement logique.

Le caractère souvent abstrait des inférences statistiques peut rendre l'abord de celles-ci difficile. Des logiciels informatiques, tels qu'Excel sur Microsoft, permettent d'effectuer de façon automatique un grand nombre de traitements des données.

Les probabilités

Les probabilités cherchent à passer du connu à l'inconnu, et plus particulièrement de la connaissance d'une situation présente à la prévision d'événements futurs. Pour calculer une telle probabilité, on relève le nombre de fois où un événement est apparu et l'on divise ce nombre par le nombre total d'événements advenus (c'est-à-dire le nombre total de fois où cet événement aurait pu se produire). Le rapport ainsi obtenu fournit la fréquence relative de cet événement. Le résultat sera toujours compris entre 0 et 1 : $0 < p$ (évén.) < 1.

Dans le cas où l'on veut prévoir l'inconnu à partir de l'aléatoire, on divise le nombre de fois où l'événement peut théoriquement se produire par le nombre total d'événements théoriquement possibles. Le résultat est toujours compris entre 0 et 1 ($0 < p$ (évén.) < 1). Si $p = 0$, alors l'événement est impossible et si $p = 1$, l'événement est certain.

L'échantillonnage

L'échantillonnage s'effectue à partir d'un paramètre P, constituant une variable fixe obtenue par calcul après l'examen de toutes les unités statistiques d'une population. La valeur de cet indice dans les échantillons varie : celui-ci peut être inférieur, égal ou supérieur à P, au hasard des pioches dans la population. La distribution de cet indice dans tous les échantillonnages possibles s'appelle la distribution d'échantillonnage. L'ensemble des différentes valeurs possibles que peut prendre une statistique dans des échantillons ainsi extraits au hasard est appelé variable aléatoire.

Une distribution d'échantillonnage a, entre autres, comme caractéristiques de posséder une moyenne dont la valeur tend à égaler la valeur du paramètre et dont la dispersion, l'écart type (ici appelé erreur type), peut être calculée à partir des paramètres et de la taille des échantillons extraits.

Les distributions de probabilités

Il existe quatre distributions différentes en inférence statistique.

La distribution parente

Elle concerne la distribution d'une variable dans une population parente, c'est-à-dire au sein de laquelle les unités statistiques ayant fourni les observations à distribuer sont tous les éléments de la population. La distribution de chaque variable y a une certaine forme.

La distribution échantillonnale

Elle concerne la distribution d'une variable dans un échantillon aléatoire, dans laquelle les unités statistiques ayant fourni les observations à distribuer sont tous les éléments de l'échantillon. La distribution de chaque variable observée au niveau d'un échantillon aléatoire aura une forme qui, pour une même variable, pourra différer de la forme obtenue au niveau de la population parente.

La distribution d'échantillonnage

La distribution d'échantillonnage d'une statistique forme le pont qui permet de passer du niveau de la population à celui de l'échantillon. Elle correspond à la distribution des probabilités d'une statistique dans tous les échantillons possibles (de taille N), que l'on pourrait extraire au hasard de la population parente. Elle porte donc sur des échantillons aléatoires. Cette distribution a une certaine forme, qui suit une fonction mathématique connue.

La distribution standard de référence

Les statistiques de test sont des coefficients standard dont on connaît la distribution de probabilités, qui peut dépendre de la taille de l'échantillon étudié. Dans cette distribution, comme dans la précédente, les unités statistiques fournissant les observations à distribuer sont tous les échantillons aléatoires possibles de taille N extraits de la population à laquelle on s'intéresse. Cette distribution a une forme homothétique de la forme de la distribution d'échantillonnage correspondante et suivant souvent une fonction mathématique.

Les tests d'hypothèse

Egalement appelés tests de signification, les tests d'hypothèse permettent d'évaluer la vraisemblance entre la valeur d'une statistique observée et une valeur numérique hypothétique proposée pour le paramètre correspondant. L'hypothèse paramétrique sera rejetée ou retenue (validée ou invalidée) à partir du degré de vraisemblance obtenu et d'un certain niveau de risque.

Deux types d'hypothèses

L'hypothèse nulle

Elle est notée H0 et permet au chercheur de faire une hypothèse statistique dont il peut déduire des implications statistiques : il formule une autre hypothèse que son hypothèse de recherche et assigne une valeur numérique au paramètre auquel il s'intéresse et qu'il ne connaît pas. Cette procédure s'applique seulement au test d'hypothèses numériques.

L'hypothèse alternative

Elle est issue du rejet d'une hypothèse nulle : puisque la différence n'est pas égale à 0, on peut affirmer (l'hypothèse est toujours une affirmation) que la différence n'est pas zéro. Cette hypothèse Ha est appelée hypothèse alternative et comporte deux cas de figure :

- l'hypothèse bilatérale, quand on s'interroge simplement sur l'existence d'une différence. Exemple de formulation pour un test d'hypothèse entre deux moyennes : Ha $= \mu 1 \neq \mu 2$;
- l'hypothèse unilatérale, quand on formule une hypothèse orientée, en ne s'intéressant qu'à la moitié de la distribution. Exemple de formulation pour un test d'hypothèse entre deux moyennes : Ha $= \mu 1 > \mu 2$.

Deux types de risques

Il convient également de calculer le risque avec lequel on retient ou on rejette une hypothèse. Deux types de risques existent dans les tests d'hypothèse.

L'erreur α, ou erreur de type I

Elle correspond à la probabilité de rejeter H0 alors qu'elle est vraie. La probabilité de cette erreur correspond au seuil de significativité choisi.

L'erreur β, ou erreur de type II

Elle correspond à la probabilité de ne pas rejeter H0 alors qu'elle est fausse. Ce risque ne peut être calculé que si on connaît la distribution d'échantillonnage de Ha.

Les intervalles de confiance

Egalement appelé fourchette, l'intervalle de confiance s'emploie beaucoup dans les méthodes de sondage. Pour une statistique obtenue sur un échantillon aléatoire d'observations, il indique la zone ayant tel pourcentage de chances de contenir le paramètre correspondant à la population parente. Le seuil de probabilité choisi est appelé p et le risque choisi α est généralement de 5 %.

Il se calcule sur une statistique S dont la distribution d'échantillonnage se fait selon une loi de probabilité connue. Pour une statistique S1 observée sur un échantillon, les limites de l'intervalle de confiance (IC), P1 et P2 à $(100 - \alpha)$ % du paramètre P, sont données par la formule générale :

$$C\alpha = \frac{|S1-P|}{E}$$

$C\alpha$: valeur numérique d'une statistique de test correspondant au risque α choisi.
E : erreur type de la distribution d'échantillonnage.

On peut donc également écrire : $C\alpha\, E = S1 - P$, et P compris dans l'intervalle : $S1 - C\alpha\, E < P < S1 + C\alpha\, E$.

Le calcul des bornes de l'intervalle de confiance devient donc :
$P1 = S1 - C\alpha\, E$ et $P2 = S1 + C\alpha\, E$.

L'intervalle de confiance est en relation avec le test d'hypothèse, dans la mesure où il établit la probabilité d'une hypothèse suivant qu'elle est située ou non dans l'intervalle. Ainsi, H0 est une valeur probable si elle est comprise dans l'intervalle de confiance et (très) peu probable si elle est extérieure à ses bornes.

4. Méthodologie

Dans certains domaines de la statistique, comme les probabilités, la théorie et la pratique peuvent exister indépendamment l'une de l'autre, et bien souvent cette discipline apparaîtra assez abstraite, constituée de formules plus ou moins obscures à appliquer à des données. C'est un abord qui rebutera beaucoup d'entre vous, venus des sections littéraires et ne possédant que très peu d'affinités avec les mathématiques. Il ne faudra surtout pas bouder ce cours sous prétexte qu'il vous semble hermétique, mais au contraire vous accrocher, poser des questions et revenir sans cesse sur les points non élucidés.

Comme en biologie, l'examen est généralement composé de petites questions distinctes vous faisant progressivement entrer dans la complexité. Mais attention, il n'est plus possible en statistiques de répondre à toutes les questions connues en délaissant les autres : un examen de statistique est généralement conçu de façon à ce que vous ne puissiez pas progresser vers l'étape suivante sans avoir validé la précédente. Il vous faudra avoir obtenu le résultat de la question 1 pour pouvoir aborder la question 2, puis celui de la question 2 pour traiter la question 3, et ainsi de suite.

Il est donc primordial pendant le cours de ne pas sauter d'étapes, de vous assurer de la compréhension de chaque niveau de calcul, et surtout de vous entraîner en faisant beaucoup d'exercices. Même s'ils peuvent sembler rébarbatifs, ces exercices sont souvent simples dès l'instant où l'on a compris quelle procédure appliquer à tel type de données. On reconnaît alors facilement la procédure à suivre lors de l'examen et l'on évite cette impression d'étrangeté et d'impuissance qui frappe trop souvent les étudiants devant leur copie.

Les statistiques sont des outils que vous utiliserez en psychologie et dont la connaissance et la maîtrise vous sont de toute façon indispensables. Alors qu'un désinvestissement de la matière vous fournira des notes catastrophiques qui handicaperont votre progression universitaire, une bonne maîtrise de la pratique statistique vous procurera facilement d'excellents résultats, qui vous permettront d'accéder à des mentions en relevant la moyenne de l'ensemble de vos résultats.

ANNEXES

1. Schéma récapitulatif des études selon la réforme LMD

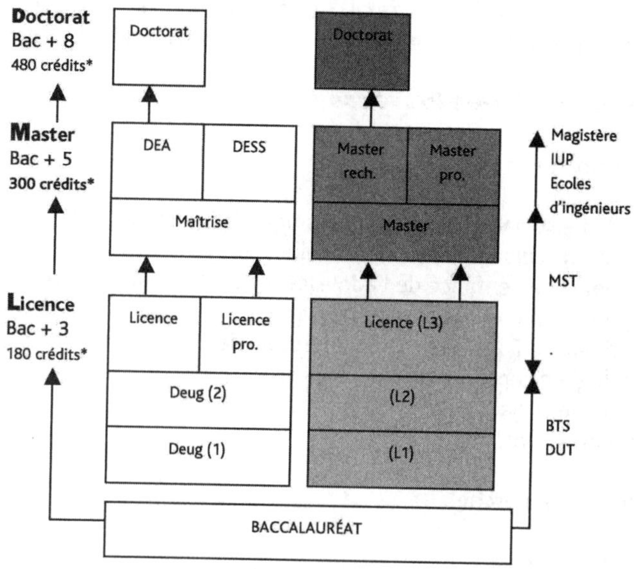

* 1 semestre = 30 crédits ; une année scolaire = 60 crédits

2. Liste des masters professionnels et de recherche en psychologie par académie

Les masters de recherche (ex-DEA) de psychologie peuvent donner droit au titre de psychologue selon les conditions légales en vigueur.

Université d'Aix-en-Provence

Master professionnel

Psychologie sociale du travail et des organisations
Orientation scolaire et professionnelle
Psychologie de l'enfance de l'adolescence et du vieillissement
Psychologie clinique et psychanalyse
Psychologie clinique et de psychopathologie
Psychologie des perturbations cognitives
Psychologie sociale de la santé
Ergonomie cognitive

Master de recherche

Neuropsychologie
Système d'apprentissage, système d'évaluation

Université d'Amiens

Master professionnel

Facteurs humains et systèmes de travail
Psychologie spécialité pathologie, dysfonctionnements et déficits
Psychologie de la personne déficiente

Université d'Angers

Master professionnel

Neuropsychologie
Psychologie clinique : clinique sociale
Psychologie gérontologique

Master de recherche

Psychologie de la cognition

Université de Besançon

Master professionnel

Psychologie clinique et psychopathologique
Psychologie de l'enfance et de l'adolescence
Management des relations humaines : prévention conflits

Master de recherche

Psychologie humaine et psychopathologie

Université de Bordeaux

Master professionnel

Psychologie clinique option gérontologie
Psychologie clinique option neuropsychologie
Psychologie clinique option psychopathologie
Psychologie clinique option psychologie de la santé
Psychologie de l'enfance et de l'adolescence
Psychologie du travail et de la vie sociale option psycho sociale conseil études appliquées
Psychologie du travail et de la vie sociale option psychologie du travail

Master de recherche

Psychologie : Etude du fonctionnement cognitif et émotionnel d'individus placés dans des situations complexes

Université de Brest

Master professionnel

Psychologie sociale des représentations : études qualitatives et quantitatives
Psychologie du vieillissement normal et pathologique
Psychologie clinique et pathologique
Psychopathologie des déviances et des exclusions

Université de Caen

Master Professionnel

Psychologie clinique et pathologique
Psychologie du développement de l'enfant et de l'adolescent
Psychologie sociale du travail et des organisations
Neuropsychologie

Master de recherche

Psychologie normale et pathologie des processus cognitifs
Neuropsychologie

Université de Chambéry

Master professionnel

Neuropsychologie
Enfant et adolescent : prévention et prise en charge

Master de recherche

Psychologie expérimentale, cognitive et sociale
Neuropsychologie

Université de Clermont-Ferrand

Master professionnel

Ingénierie de la formation et de l'insertion professionnelle
Enfance et psychologie scolaire
Troubles cognitifs et sociocognitifs, inadaptations et exclusions

Université de Dijon

Master professionnel

Psychologie clinique et psychopathologique
Psychologie du développement et troubles de l'apprentissage
Psychologie du travail : management des relations humaines
Psychologie cognitive : ingénierie des apprentissages en formation professionnelle et nouvelles technologies

Master de recherche

Analyse des fonctionnements cognitifs approche de psychologie et psychologie sociale

Université de Grenoble

Master professionnel

Psychologie clinique et pathologique
Psychologie du travail

Master de recherche

Sciences cognitives
Psychologie expérimentale, cognitive et sociale

Université de Lille III

Master professionnel

Neuropsychologie clinique, évaluation périchirurgicale et réhabilitation cognitive
Psychologie de l'enfance et de l'adolescence et analyse appliquée du comportement
Psychologie du travail et des organisations
Psychologie des interventions , éducatives et sociales
Psychopathologie clinique et santé
Conduites addictives et sciences humaines

Université de Lyon II

Master professionnel

Psychopathologie et psychologie clinique parcours professionnel clinique du somatique
Psychopathologie et psychologie clinique parcours professionnel clinique de la formation
Psychopathologie et psychologie clinique parcours professionnel psychopathologie clinique
Psychologie clinique de la santé, du vieillissement et du handicap
Psychologie clinique de la santé, du vieillissement et du handicap
Psychologie du travail et du lien social parcours professionnel psychologie du travail et des organisations

Psychologie du travail et du lien social parcours professionnel psychologie du lien social et de l'intervention psychosociale
Psychologie du développement sociocognitif et des pratiques interculturelles
Psychologie du développement sociocognitif et des pratiques interculturelles
Parcours professionnel psychologie des relations et des pratiques interculturelles
Sciences cognitives

Master de recherche

Psychologie et psychopathologie cliniques
Psychologie cognitive
Sciences cognitives

Université de Metz

Master professionnel

Psychologie (spécialité Psychologie de la santé et psychologie clinique)
Psychologie (spécialité Psychologie du travail et ergonomie)

Université de Montpellier III

Master professionnel

Psychologie clinique, psychopathologie et santé mentale
Psychopathologie et neuropsychologie du vieillissement
Psychologie clinique et psychopathologie du sportif
Développement, éducation, handicap
Psychologie du travail et des organisations

Université de Nancy II

Master professionnel

Psychologie clinique, normale et pathologique
Psychologie du développement et de l'éducation
Psychologie du travail et ergonomie

Master de recherche

Psychologie de la communication, de la cognition et des représentations de soi

Université de Nantes

Master professionnel

Psychologie clinique et pathologique : clinique freudienne du lien social
Psychologie de l'enfant : interactions, développement et dysfonctionnements
Psychologie sociale et du travail : pratiques d'intervention psychosociologique dans les organisations

Master de recherche

Psychologie, cognition, communication

Université de Nice

Master professionnel

Psychologie du travail et ingénierie des ressources humaines
Ergonomie cognitive des N.T.I.C.
Psychologie clinique et pathologique
Psychologie clinique et gérontologique
Psychopathologies interculturelles et psychologie clinique des situations de crise
Psychologie et neuropsychologie du développement et des fonctionnements cognitifs

Université de Paris I

Master professionnel

Analyse économique des comportements et de la décision

Université de Paris V

Master professionnel

Psychologie et psychopathologie
Médecine scientifique, psychopathologie et psychanalyse
Psychopathologie : émotions, affects, conduites et processus psychiques
Psychologie, spécialité : travail et vie sociale
Psychologie cognitive

Master de recherche

Psychopathologie et psychologie clinique perspectives anthropologique, cognitive et psychanalytique
Individu, social et environnement
Psychologie cognitive étude de l'enfant et de l'adulte
Ergonomie

Université de Paris VI

Master professionnel

Psychopathologie de l'enfant et de l'adolescent
Psychopathologie de l'adulte
Psychoses et états limites
Médecine scientifique, psychopathologie et psychanalyse
Clinique du corps et anthropologie psychanalytique
Psychopathologie du somatique
Psychopathologie de la violence
Sexualité et traumatismes

Master de recherche

Médecine scientifique, psychopathologie et psychanalyse
Psychopathologie clinique et expérimentale
Sexualité, procréation et périnatalité
Psychoses et états-limites

Université de Paris VIII

Master professionnel

Psychologie clinique, psychopathologie et psychothérapie (en présentiel et à distance)

Psychologie du développement et de l'éducation
Psychologie sociale et ressources humaines (en présentiel et à distance)
Ergonomie cognitive et TIC
Psychologie des processus cognitifs
Fonctionnements psychopathologiques et processus psychothérapeutiques

Master de recherche

Psychologie des processus cognitifs
Approches plurielles en sciences de l'éducation
Psychologie clinique et psychopathologie interactions et processus d'influence
psychanalyse, concepts et clinique
Ergonomie
Etudes féminines
Modes de vie et politiques sociales

Université de Paris X

Master professionnel

Psychologie
Pratiques physiques et perspectives psychologiques

Master de recherche

Psychologie comportements, processus cognitifs et affectifs
Sciences de l'éducation

Université de Paris XIII

Master professionnel

Développement, psychopathologie, psychanalyse et clinique transculturelle

Master de recherche

Psychopathologie et psychanalyse (approches cliniques, sociale et culturelle)

Université de Poitiers

Master professionnel

Psychopathologie et santé de l'adolescent et du jeune adulte
Psychologie cognitive

Master de recherche

Psychologie de la cognition : acquisitions, représentations, communication

Université de Reims

Master professionnel

Psychologie clinique et pathologique
Psychologie de l'économie et de l'insertion professionnelle
Psychologie de l'enfance et de l'adolescence

Master de recherche

Langage et cognition

Université de Rennes II

Master professionnel

Psychologie clinique et pathologique
Cliniques criminologiques et victimologiques
Psychologie du travail et ingénierie psychologique
Psychologie sociale et communautaire de la santé
Adaptation et intégration scolaire et sociale

Master de recherche

Psychologie, cognition et communication
Sciences humaines option psychopathologie

Université de Rouen

Master professionnel
(Consulter le site de la faculté.)

Master de recherche

Psychologie normale et pathologique des processus cognitifs

Université de Strasbourg ULP

Master professionnel

Psychologie du développement : enfance et déficience
Psychologie et psychopathologie clinique
Psychologie sociale : organisation et travail
Neuropsychologie cognitive clinique

Master de recherche

Psychologie humaine et psychopathologie subjectivité, liens familiaux, langage et culture
Psychologie expérimentale et clinique du normal au pathologique
Sciences du travail, travail et production (temps, espace, norme et formation)

Université de Toulouse II

Master professionnel

Psycho-gérontologie
Psychologie de la santé
Psychologie du développement, de l'enfant et de l'adolescent
Psychologie sociale, du travail et des organisations
Psychologie interculturelle et pratiques éducatives
Psychopathologie et clinique
Ergonomie cognitive et ingénierie linguistique

Master de recherche

Psychopathologie
Neuropsychologie
Psychologie des processus cognitifs
Neurosciences, Comportement, Cognition
Psychologie de la Personnalisation et des Changements Sociaux
Ergonomie

Université de Tours

Master professionnel

Mention : Psychologie, cognition, développement
Spécialité : Promotion et gestion de la santé
Spécialité : Psychologie gérontologique normale et pathologique
Spécialité : Psychologie de l'enfant et de l'adolescent : socialisation, éducation...
Spécialité : Psychopathologie et psychologie clinique
Spécialité : Psychologie du travail et des organisations

Master de recherche

Cognition, développement : comportement et cerveau

3. Bibliographie

Méthodologie générale

FRANGI A., ROLAND-LEVY C. (1995), *L'Anglais de la psychologie en 1000 mots*, Luçon, Belin.
KERRIDGE D., LIEURY A. (1991), *English for psychologists*, Poitiers, Dunod.
TIRELLI-TARDIEU F. (1990), *De l'Anglais pour les psychologues*, Paris, PUF.

Psychologie de l'enfant

LAUTREY J. (1991), *Le Développement de l'enfant*, Paris, « Que sais-je ? », PUF.
MARCELLI D. (1996), *Enfance et Psychopathologie*, Paris, Masson.
TOURRETTE C., GUIDETTI M. (1995), *Introduction à la psychologie du développement, du bébé et de l'adolescent*, Paris, Armand Colin.

Psychologie générale expérimentale

FRAISSE P., PIAGET J., REUCHLIN M. (1970), *Traité de psychologie expérimentale*, tome I, Histoire et méthode, Paris, PUF.
ROBERT M. (1982), *Fondements et étapes de la recherche scientifique en psychologie*, Paris, Maloine.
ROSSI J., CROMBE P., LECUYER R., PECHEUX M.-G., TOURRETTE C. (1989), *La Méthode expérimentale en psychologie*, Paris, Dunod.

Psychologie différentielle

CARLIER M., DICKES P., GILLES P.-Y., JUHEL J., LAUTREY J., OHLMANN T., ROUBERTOUX P.-L. (1999), *Psychologie différentielle,* Rosny, « Grand Amphi », Bréal.
HUTEAU M. (1995), *Manuel de psychologie différentielle*, Paris, Dunod.
REUCHLIN M. (1990), *La Psychologie différentielle*, Paris, PUF.

Psychologie cognitive

BONNET C., CAMUS J.-F., CRADDOCK P., GAONAC'H D., GUERRIEN A., NICOLAS S., PASSERAULT J.-M., RIPOLL T., ROULIN J.-L. (1998), *Psychologie cognitive*, Rosny, « Grand Amphi », Bréal.
LEMAIRE P. (1999), *Psychologie cognitive*, Paris, Bruxelles, Deboeck université.
RICHARD J.-F. (1990), *Les Activités mentales*, Paris, Armand Colin.

Psychologie sociale

AEBISCHER V., OBERLE D. (1990), *Le Groupe en psychologie sociale*, Paris, Bordas.
BEAUVOIS J.-L. (1984), *La Psychologie quotidienne*, Paris, PUF.
LEVY A. (1992), *Psychologie sociale. Textes fondamentaux*, Paris, Dunod.
MILGRAM S. (1974), *Soumission à l'autorité*, Paris, Calmann-Lévy.
MOSCOVICI S. :
(1972), *Introduction à la psychologie sociale*, Paris, Larousse.
(1979), *Psychologie des minorités actives*, Paris, PUF.

Psychologie clinique et psychopathologie adulte

BERGERET J. (1996), *La Personnalité normale et pathologique*, Paris, Dunod.
CHABERT C. et coll. (1999), *Névroses et fonctionnements limites*, Paris, Dunod.
EY H., BERNARD P., BRISSET C. (1974), *Manuel de psychiatrie*, Paris, Masson.
FREUD Sigmund :
(1915), Métapsychologie, in *Œuvres complètes*, tome XIII, Paris, Presses Universitaires de France, 1988.
(1900), Trad. Meyerson, *L'Interprétation des rêves*, Paris, PUF, 1926.
(1920), Trad. Laplanche et Pontalis, Au-delà du principe de plaisir, in *Essais de Psychanalyse*, Paris, Payot, 1981.
HARDY-BAYLE, M.-C. (1995), *Enseignement de la psychiatrie*, Vélizy, Doin Editeurs.
LAGACHE D. (1956), Psychanalyse et Psychologie, in *Œuvres complètes*, tome III, Paris, PUF, 1980.

Psychopathologie de l'enfant

AJURIAGUERRA J. (1980), *Manuel de psychiatrie de l'enfant*, 2e éd., Paris, Masson.
FREUD A. (1964), *Le Moi et les Mécanismes de défense*, 3e éd., Paris, PUF.
FREUD S. (1905), *Trois Essais sur la théorie sexuelle*, Paris, Gallimard.
GOLSE B. (1985), *Le Développement affectif et intellectuel de l'enfant*, Paris, Masson.
LEBOVICI S., DIATKINE R., SOULE M. (1995), *Traité de psychiatrie de l'enfant et de l'adolescent*, Paris, PUF.
STERN D.N., Les Interactions affectives, in Lebovici S., Weil-Halpern F. (1989), *Psychopathologie du bébé*, Paris, PUF.
WINNICOTT D.W. (1958), *De la Pédiatrie à la Psychanalyse*, Paris, Payot, 1969.

Biologie

COCUDE M., JOUHANEAU M. (1993), *L'Homme biologique*, Paris, « Premier cycle », PUF.
JOLY J., BOUJARD D. (1993), *Manuel de biologie pour psychologues*, Paris, Dunod.
VOGEL G., ANGERMANN H. (1994), *Atlas de la biologie*, « Encyclopédies d'aujourd'hui », Paris, La Pochothèque.

Statistiques

BARBUT M. (1976), *Mathématiques des sciences humaines*, tomes I et II, Paris, PUF.
BEAUFILS B. (1996), *Statistiques appliquées à la psychologie*, tomes I et II, Paris, « Lexifac », Bréal.
REUCHLIN M. (1979), *Précis de statistique*, Paris, PUF.

NOTES

NOTES

NOTES

NOTES

NOTES

NOTES

NOTES

NOTES

NOTES

NOTES

NOTES

NOTES

NOTES

NOTES

Collection Principes
Studyrama

HISTOIRE-GEOPOLITIQUE

LANGUES

METHODOLOGIE

PSYCHOLOGIE

SCIENCES

Principes

34/38, rue Camille-Pelletan - 92309 Levallois-Perret cedex
Imprimerie France Quercy - 46090 Mercuès
Imprimé en France - 2e trimestre 2008 - n° 81074/

Service éditorial : Manuella Guillot, Elsa Goisnard, Marie Tourat
Conception graphique : Frédéric Vagney (http://frederic.vagney.club.fr)

Dépôt légal à parution
ISBN 978-2-7590-0468-3